国际贸易关务人员职业资质等级认定系列丛书
——国际贸易关务员全国统一考试专用教材

国际贸易关务员综合实训

唐超平　周　惠　主　编
王秀卿　杨国庆　副主编

对外经济贸易大学出版社
中国·北京

图书在版编目（CIP）数据

国际贸易关务员综合实训 / 唐超平，周惠主编. —
北京：对外经济贸易大学出版社，2015
（国际贸易关务人员职业资质等级认定系列丛书）
ISBN 978-7-5663-1240-2

Ⅰ. ①国… Ⅱ. ①唐… ②周… Ⅲ. ①国际贸易-海
关手续-中国-资格考试-自学参考资料 Ⅳ. ①F752. 5

中国版本图书馆 CIP 数据核字（2014）第 276240 号

国际贸易关务员综合实训

唐超平 周 惠 主编

责任编辑：张俊娟

对 外 经 济 贸 易 大 学 出 版 社

北京市朝阳区惠新东街 10 号 邮政编码：100029

邮购电话：010-64492338 发行部电话：010-64492342

网址：http://www.uibep.com E-mail：uibep@ 126.com

山东省沂南县汇丰印刷有限公司印装 新华书店北京发行所发行

成品尺寸：185mm×260mm 11.25 印张 259 千字

2015 年 2 月北京第 1 版 2015 年 2 月第 1 次印刷

ISBN 978-7-5663-1240-2

印数：0 001-3 000 册 定价：32.00 元

前　言

本书主要是针对有进出口业务的国际贸易企业内部初级关务人员和各类国际货运代理及专业报关公司内初级报关人员进行知识的巩固以及实操技能水平的提升训练。同时，也对考生顺利通过中国对外贸易经济合作企业协会的“国际贸易关务员”与中国报关协会的“报关人员水平测试”全国统一考试有所帮助。

全书分为国际贸易关务员定义及职责、国际贸易管制、国际贸易海关管理与税费征收、国际贸易货物基本报关程序、常见报关单填制共五章内容的实训，书后附有2014年5月份的考试真题，以及实训所涉及的部分海关法规。

在本书的编写过程中，中国海关关税三级专家周惠老师负责第三章海关税费征收及第五章常见报关单填制的编写，重庆电子工程职业学院管理学院副教授王秀卿老师负责第二章国际贸易管制及第三章国际贸易海关管理两部分实训的编写，重庆工商大学融智学院会计系杨国庆老师负责第四章国际贸易货物基本报关程序实训的编写，唐超平老师负责第一至五章部分判断题、案例实训的编写。全书由唐超平老师逐一审核，最终编审定稿。

本书侧重对海关初级关务知识的反复练习，便于院校学生和关务员、报关水平测试考生在牢固掌握基础通关知识的同时，通过各类案例的实训，逐步训练和提升其解决企业实际国际贸易中所遇到的海关通关问题的能力。

全书对应唐超平所编著《国际贸易货物海关通关实务》一书的教材内容，按其章节安排项目实训，主要包括基于基础知识进行不定项选择、运用所学知识判断正误，剖析案例实务，从而达到能独立解决实际通关案例问题的能力。

需要说明的是，本书所涉及的实训内容并非仅限于《国际贸易货物海关通关实务》一书的教材内容，而是对知识点有所拓展，所以需要师生们在教与学中加强自我学习，查找书后附录资料及国家相关政府部门官网以及其他最新法律法规，才能解决个别案例实训问题。

本着为全国各类外贸企业、国际物流货代、报关公司培养真正能独立解决企业实际关务事务初级十才的宗旨，以缓解全国每年中职、高职高专院校国际商务、经管类毕业生就业压力为目标，以使他们的能力与职业要求相衔接，快速胜任工作岗位为原则，让我们携起手来，同心同德，在平凡的工作岗位上做好教书育人的本职工作！

本书能顺利完成，得益于各地海关朋友、工作在通关一线遍布全国各地口岸的学生，以及作者所创立的“高校报关师资教学研讨群”（群号：296488300）中各地高校老师的大力支持，特此感谢如下：

特别致谢中国对外贸易经济合作企业协会；

特别致谢广州东洋科技有限公司；

特别致谢重庆、上海、海口、苏州、宁波等地口岸海关各级领导给予的支持；

特别致谢徐德玲、杨国庆、岳喜克、陈贤慧、路德慧、向家成、吴洪毅、周仁申、王礼国、高玮、屈成芳、喻娜、罗杰、杨肖、但娟、张楠、唐小杰、余先丽、罗栩栩、马岚、包万能等在实际报关资料上给予的帮助；

特别致谢浙江温州大学、重庆经贸职业学院、海南经贸职业技术学院、重庆传媒职业学院、成都职业技术学院、昆明冶金高等专科学校、重庆电子工程职业学院、重庆师范大学涉外学院、西南大学育才学院、苏州科技学院、海南经贸职业技术学院、福建台州科技职业技术学院，以及北京、广州、苏州、杭州、成都等地高职院校所提供的教学实习研讨机会。

本书错漏之处，敬请各位专家、读者朋友予以批评指正。

凡需要本书实训题答案的老师，请直接加 QQ 号“1271363602”向唐超平老师索取。

唐超平

2014 年 9 月于瑞士 WINTERTHUR

目　录

第一章 国际贸易关务人员的定义及职责实训

实训要求

1. 熟悉国际贸易关务员的定义及考试要求；
2. 了解国际贸易关务员在货物进出境阶段应具备的知识及技能。

职业技能

1. 通过案例让学生对本专业有一个感性认识；
2. 明确企业国际贸易关务员需要具备的职业素养及职业技能。

一、案例实训

1. 浙江海宁华纳士皮革有限公司与俄罗斯喀山市一贸易公司就出口 5 000 件男装皮大衣到俄罗斯的事宜洽谈，该批服装双方谈定从浙江海宁铁路运输到新疆霍尔果斯口岸再运往俄罗斯。目前，合同经双方同意后已签署，且已完成生产，等候办理货物的出口。

假设你在浙江海宁华纳士皮革有限公司进出口部门担任关务员，请你思考回答以下问题：

（1）为了安全完成货物的出口，你应做些什么工作？

答：

（2）要完成这些工作，需要找哪些政府相关部门？

答：

（3）如何办理合作手续？需要什么资料去办理这些手续？

答：

（4）要顺利地完成这些出口手续，你应具备什么技能？

答：

（5）要掌握这些技能，你应学习了解什么知识？

答：

2. 浙江海宁华纳士皮革有限公司与俄罗斯喀山鞑靼贸易公司签署出口俄罗斯 5 000 件男装皮大衣的合同，对方指定用意大利小羊皮制作此批大衣，因此华纳士皮革有限公司从意大利进口小羊皮一批。货物从意大利运至上海洋山港，需从洋山港办理海关进口手续，再运输到海宁公司内进行生产。

假设你是浙江海宁华纳士皮革有限公司的关务员，请你思考回答以下问题：

（1）为了顺利将此票货物运抵公司，你应做些什么工作？

答：

（2）要完成这些工作，需要找哪些政府相关部门？

答：

（3）如何办理合作手续？需要什么资料去办理这些手续？

答：

（4）要顺利地完成这些进口手续，你应具备什么技能？

答：

（5）要掌握这些技能，你应学习了解什么知识？

答：

二、补充填写下表

序号	国际贸易关务员的工作范畴	与报关人员的区别	应掌握的知识和具备的能力
1			
2	关务员考试报名资格	考试时间	考试科目

三、专业认知调查

1. 请简述你对本专业的认识，以及对今后就业的看法。

答：

2. 成为一名合格的国际贸易企业关务人员，你需要掌握些什么知识？

答：

3. 请设想一下，企业需要什么样的关务人才，对此，你如何应对？

答：

第二章　国际贸易管制实训

实训要求

1. 熟悉我国对外贸易管制的主要内容及其法律依据；
2. 熟悉我国货物、技术进出口许可管理制度；
3. 熟悉出入境检验检疫、进出境货物收付汇制度和各类贸易救济措施。

职业技能

1. 掌握对外贸易管制制度并能解决企业进出口业务中所涉及的外贸管制问题；
2. 了解我国主要贸易管制措施所涉及的进出口许可证件的类别及其申领程序。

一、不定项选择题（一个或多个正确答案）

1. 我国出入境检验检疫的主管部门是（　　）。

A. 国家质量监督检验检疫总局　　B. 海关

C. 国家工商总局　　D. 国家税务总局

2. 我国对货物进出口的贸易管制是通过（　　）实现的。

A. 征收关税　　B. 海关监管　　C. 外贸经营者管理　　D. 外汇管制

3. 下列货物中属于国家禁止进口的有（　　）。

A. 劳改产品　　B. 氯丹　　C. 旧服装　　D. 木炭

4. 下列货物中属于禁止进出口的货物有：（　　）。

A. 以氯氟羟物质为制冷剂、发泡剂的家用电器

B. 以氯氟羟物质为制冷剂的家用电器用压缩机

C. 莱克多巴胺和盐酸莱克多巴胺

D. 滴滴涕、氯丹等

5. 南京江陵报关公司接到客户关于以一般贸易方式进口二手汽车政策的咨询，下列答复正确的是：（　　）。

A. 申领进口许可证和入境货物通关单

B. 申领自动进口许可证和入境货物通关单

C. 只需向商检部门办理入境货物通关单

D. 禁止进口

6. 目前，列入我国《禁止出口货物目录》的商品有（　　）。

A. 土壤　　B. 旧压力容器　　C. 原料血浆　　D. 废玻璃

7. 关于限制出口货物的管理，国家规定对数量限制的出口货物实行（　　）。

A. 许可证件管理　　B. 出口配额限制管理
C. 自动出口管理　　D. 禁止出口管理

8. 目前，我国限制进口货物的管理按照其限制方式划分为（　　）。
A. 许可证件管理　　B. 关税配额管理
C. 绝对配额管理　　D. 货物自动进口许可管理

9. 我国对外贸易管制主要指（　　）。
A. 对外贸易经营者登记管理　　B. 出入境检验检疫制度
C. 外汇管理制度　　D. 出口退税制度
E. 海关监管制度　　F. 关税制度

10. 我国目前实行国营贸易管理的商品主要有（　　）。
A. 煤炭、原油、成品油　　B. 玉米、大米、棉花
C. 钨及钨制品　　D. 白银、锑及锑制品

11. 我国出入境检验检疫制度分为（　　）。
A. 进出口商品检验制度　　B. 进出境动植物检疫制度
C. 国境卫生监督制度　　D. 国内食品安全检疫制度

12. WTO 规则允许成员方使用贸易救济手段来保护国内产业不受损害，其中（　　）既可以采取提高关税的形式也可以采取数量限制的形式。
A. 反倾销　　B. 反补贴　　C. 保障措施　　D. 关税配额

13. 《入境货物通关单》主要适用于（　　）。（本题属于拓展实训，请师生上网查询或参阅其他书籍）
A. 进口可用做原料的废物　　B. 进口旧机电产品
C. 列入《法检目录》的商品　　D. 进口纺织品标识

14. 最终保障措施的实施期限一般不超过（　　）年。
A. 2　　B. 4　　C. 5　　D. 10

15. 我国货物限制出口，按照其限制方式划分为（　　）。
A. 出口配额限制　　B. 出口非配额限制
C. 绝对配额管理　　D. 货物自动出口许可管理

16. 我国出口配额限制有两种管理形式，包括（　　）。
A. 出口配额许可证管理　　B. 出口配额招标管理
C. 禁止出口管理　　D. 自动出口许可管理

17. 我国对外贸易管制的目的是（　　）。
A. 保护本国经济利益，发展本国经济　　B. 推行本国的外交政策
C. 行使国家职能，以进口管制为重点　　D. 增强对外沟通

18. 我国对外贸易管制按手段分为（　　）。
A. 进口贸易管制　　B. 出口贸易管制　　C. 关税措施　　D. 非关税措施

19. 我国对外贸易管制按管理对象分为（　　）。
A. 物品进出口贸易管制　　B. 技术进出口贸易管制
C. 国际服务贸易管制　　D. 货物进出口贸易管制

20. 贸易救济措施是为了保护本国贸易安全而制定的。我国的贸易救济措施主要包括（　）。

A. 反倾销　　B. 反补贴　　C. 保障措施　　D. 贸易安全

二、判断题（对的打“√”、错的打“×”）

1. 我国禁止进出口旧服装。（　）

2. 我国对属于世界濒危物种管理范畴的犀牛角和虎骨列入禁止进出口的商品范围。（　）

3. 我国对于稀土采取的管理是限制出口。（　）

4. 我国限制出口的货物，按照其限制方式划分为出口配额限制和出口非配额限制。（　）

5. 我国对于实行出口配额限制的出口货物，需凭配额证明领取出口许可证。（　）

6. 对实行出口许可证管理的成品油（一批一证），溢装数量在 5%以内予以免证。（　）

7. 临时保障措施一般不超过 50 天。（　）

8. 出口退税制度是对外贸易管制制度中的一种。（　）

9. 许可证件管理不仅包括进出口许可证、黄金产品出口准许证、音像制品进口批准单，还包括进口废物批准证书等证件。（　）

10. 对外贸易管制中的发证主体是国家商务部及其授权部门。（　）

11. 进出口许可管理是国家对进出口货物、技术的一种关税措施的行政管理制度。（　）

12. 某公司进口盐酸一批（两用物项许可管理商品），2015 年 4 月 1 日该公司向海关申报进口，4 月 5 日向外经贸部门申领两用物项许可证，这样的关务处理程序是对的。（　）

13. 出口信贷国家担保制是我国对外贸易鼓励出口的政策措施之一。（　）

14. 海关监管是实现贸易管制的重要手段。（　）

15. 属于国家限制进出口的货物在进出口时，没有进出口许可证件的，经货物的收发货人提供税款担保，海关予以放行。（　）

三、案例实训

1. 根据商务部、海关总署相关公告的规定，对摩托车及摩托车发动机实行出口许可证管理，生产企业出口摩托车产品须具备生产准入资格，并获得相应产品的 3C 认证，外贸企业必须采购具有生产准入资格的企业所生产并获得 3C 认证的摩托车出口；出口价格应不低于摩托车产品出口同行业协议价格。结合案例回答，什么是出口许可管理？国家对外贸易管制的目的是什么？我国有哪些外贸管制措施？

答：

2. 江苏淮安超能食品有限公司以一般贸易方式从日本进口对二甲苯（属于国家法定检验检疫和两用物项管制商品，法定计量单位：千克）用于销售给江阴三龙玻璃纤维有限公司生产玻璃纤维成品。

如果你是该公司的关务人员，请问在进口对二甲苯前，需要办理哪些进出口许可证件？

答：

3. 指出下面出境货物通关单证的有效期、商品名称、商品编号、申报总值和通关单号码。

答：

中华人民共和国出入境检验检疫

出境货物通关单

编号：38000021025742 00

1. 发货人 羽绒制品有限公司 MAOLONG WUZHONG DOWN PRODUCTS CO., LTD.			5. 标记及号码 N/M
2. 收货人 *** ***			
3. 合同/信用证号 MWI00190 /***		4. 输往国家或地区 美国	
6. 运输工具名称及号码 船舶 ***		7. 发货日期 2010.07.23	8. 集装箱规格及数量 ***
9. 货物名称及规格 4-6CM水洗灰鸭毛片 *** （以下空白）	10. H.S. 编码 0505100090 *** （以下空白）	11. 申报总值 *25200美元 *** （以下空白）	12. 数/重量、包装数量及种类 *20000千克 *250塑料编织袋 （以下空白）

13. 证明

上述货物业经检验检疫，请海关予以放行。

本通关单有效期至　二〇一〇年　九月二十一日

签字：　　　日期：2010 年 07 月 23 日

（印章：中华人民共和国宁波出入境检验检疫局 检验检疫专用章 (15)）

14. 备注

K 4461 6　　① 货物通关　　印刷流水号：K4461346　　[2-2(2000.1.1)]

4. 广西南宁隆鑫机车有限公司拟于 2015 年 4 月 1 日以一般贸易方式出口摩托车 500 辆到越南，货物于 3 月 29 日运入北海港，2015 年 3 月 31 日向海关申报。

商品编号	商品名称及备注	进口关税（%）		增值税率（%）	出口退税率（%）	计量单位（%）	监管条件
		最惠国	普通				
87112020	摩托车 100ml<汽缸容量≤125ml	45	150	15	17	辆	y4xAB6

（1）如果你是该公司的关务人员，请问你在出口摩托车向海关申报前，需要办理哪些进出口许可证件？

（2）请你自行编制 4 个案例，与同学讨论分享。设置不同需要解决的贸易管制问题，并互相提出解决方案。

案例 1：

案例 2：

案例 3：

案例 4：

四、案例实训资料

海关监管证件代码表

监管证件代码	监管证件名称	监管证件代码	监管证件名称	监管证件代码	监管证件名称
1	进口许可证	F	涉危物种允许进口证明书	U	合法捕捞产品通关证明
2	两用物项和技术进口许可证	G	两用物项和技术出口许可证（定向）	W	麻醉药品进出口准许证
3	两用物项和技术出口许可证	H	港澳 OPA 纺织品证明	X	有毒化学品环境管理放行通知单
4	出口许可证	I	精神药物进（出）口许可证	Y	原产地证明
5	纺织品临时出口许可证	J	黄金及其制品进出口许可证或批件	Z	音像制品进口批准单或节目提取单
6	旧机电产品禁止进口	K	深加工结转申请表	c	内销征税联系单
7	自动进口许可证	L	药品进出口准许证	e	关税配额外优惠税率进口棉花配额证
8	禁止出口商品	M	密码产品和设备进口许可证	q	国别关税配额证明
9	禁止进口商品	O	自动进口许可证（新旧机电产品）	r	预归类标志
A	入境货物通关单	P	固体废物进口许可证	s	适用 ITA 税率的商品用途认定证明
B	出境货物通关单	Q	进口药品通关单	t	关税配额证明
D	出/入境货物通关单（毛坯钻石用）	R	进口兽药通关单	v	自动进口许可证（加工贸易）
E	濒危物种允许出口证明书	S	进出口农药登记证明	x	出口许可证（加工贸易）
		T	银行调运现钞进出境许可证	y	出口许可证（边境小额贸易）

第三章　国际贸易海关管理与税费征收实训

实训要求

1. 熟悉报关的定义及其分类；
2. 熟悉报关单位的定义及其分类管理；
3. 熟悉海关对报关单位的注册管理；
4. 熟悉海关的性质、体制、任务及权力；
5. 熟悉报关单位的法律责任。

职业技能

1. 掌握报关的分类、自己办理和代理报关的区别，以及报关的主要内容；
2. 掌握海关的性质、体制、任务、权力及设关原则；
3. 掌握报关单位的定义、注册登记，以及建立分支机构的条件等；
4. 能灵活运用海关权力及相关法规解答案例实务。

第一节　报关概述实训

实训要求

1. 熟悉报关的定义及其分类；
2. 熟悉报关的基本内容及区别。

职业技能

1. 能运用所学知识区别间接代理与直接代理的法律责任；
2. 能分清进出境运输工具、货物、物品报关时应提供的不同单据。

一、不定项选择题（一个或多个正确答案）

1. 报关是指进出境运输工具的负责人、进出境物品的所有人、进出口货物的收发货人或其代理人向（　　）办理进出境手续的全过程。

A. 边检　　　　B. 海关

C. 进出境商品检验检疫局　　　　D. 商务部门

2. 按照法律规定，下列不列入报关范围的是：（　　）。

A. 进出境运输工具　　B. 进出境货物
C. 进出境物品　　D. 进出境旅客

3. 按目的，报关分为（　　）。

A. 进境报关　B. 出境报关　C. 转关报关　D. 快件报关

4. 根据对象，报关分为（　　）。

A. 运输工具报关　　B. 进出境人员报关
C. 货物报关　　D. 物品报关

5. 进出境货物主要是以（　　）的形式报关。

A. 舱单　　B. 邮政绿色小票
C. 进出口货物报关单　　D. 走红绿通道

6. 接受进出口企业的委托，以委托人的名义办理报关业务的报关方式叫（　　）。

A. 直接代理报关　B. 间接代理报关　C. 自理报关　D. 跨关区报关

7. 进境运输工具载有货物、物品的，舱单传输人应当在规定的时限内向海关传输（　　）主要数据；出境运输工具预计载有货物、物品的，舱单传输人应当在办理货物、物品申报手续以前向海关传输（　　）主要数据。

A. 原始舱单，预配舱单　　B. 装载舱单，预配舱单
C. 原始舱单，装载舱单　　D. 预配舱单，原始舱单

8. 进出境运输工具舱单是反映进出境运输工具所载货物、物品及旅客信息的载体，主要指（　　）。

A. 原始舱单　B. 预配舱单　C. 装载舱单　D. 运抵舱单

9. 根据《海关法》的规定，（　　）是海关对进出境行李物品监管的基本原则，也是对进出境行李物品报关的基本要求。

A. 合理在境内使用原则　　B. 合法进出境原则
C. 自用合理数量原则　　D. 不在转让原则

10. 我国是《万国邮政公约》的签约国之一，根据这一公约的规定，进出境邮递物品的"报税单"和"绿色标签"应随同物品通过哪个企业或当事人呈递给海关？（　　）

A. 快递公司　B. 外贸公司　C. 邮政企业　D. 收、发货人

二、判断题（对的打"√"、错的打"×"）

1. 进出口货物的收发货人，不能自行向海关申报，只能委托报关企业向海关申报。（　　）

2. 直接代理报关是指报关企业接受委托人的委托，在报关时以报关企业自身的名义向海关办理报关手续。（　　）

3. 我国报关企业目前大都采取直接代理形式代理报关，即接受委托人（进出口货物收发货人）的委托，以报关企业自身的名义或以委托人的名义向海关办理进出口报关手续。（　　）

4. 在任何地方均可办理运输工具、货物、物品进出境的海关手续。（　　）

5. 进境运输工具载有货物、物品的，运输工具负责人应当在规定时限向海关传输原

始舱单主要数据，并在进境货物、物品运抵目的港以前向海关传输原始舱单其他数据。(　　)

6. 海关是国家进出境监督管理机关，海关代表国家进行行政执法活动。(　　)

7. 海关实施监督管理的范围是所有进出关境及与之有关的活动。(　　)

8. 带有红色标志的通道适用于携运物品在数量和价值上都超过免税限额的旅客(　　)。

9. 进出境货物的报关，企业关务人员一般需要进行进出境申报、配合查验、缴纳税费、提取或装运货物等四个阶段的手续办理。(　　)

10. 进出境个人携带行李物品、邮递物品，以自用合理数量为限，超出限额的须办理进口申报手续。(　　)

第二节　海关管理实训

实训要求

1. 熟悉海关的性质、任务及其管理体制;
2. 熟悉海关行政执法所拥有的各项权利。

职业技能

1. 能运用所学知识区分海关行政强制执行措施适用的范围，分析案例实务;
2. 能掌握海关四项基本任务所涉及的各环节主要工作内容，分析案例实务。

一、不定项选择题（一个或多个正确答案）

1. 海关监督管理对象包括(　　)。

A. 进出关境的运输工具　　B. 进出关境的货物

C. 进出关境的物品　　D. 进出关境的旅客

2. 《海关法》明确规定海关的基本任务是(　　)。

A. 监管　　B. 征税　　C. 缉私　　D. 编制海关统计

3. 根据我国缉私体制，不具有查缉走私权力的单位是(　　)。

A. 海关　　B. 公安部门　　C. 税务部门　　D. 检察部门

4. 工商行政管理部门查获的应当给予行政处罚的香烟走私案件，应移送(　　)依法处理。

A. 海关　　B. 税务部门

C. 上一级工商行政管理部门　　D. 烟草专卖部门

5. 海关在行使下列哪些行政强制权时需要经过直属海关关长或其授权的隶属海关关长的批准？(　　)。

A. 在海关监管区和海关附近沿海沿边规定地区，对走私犯罪嫌疑人进行扣留

B. 进出口货物的纳税义务人、担保人自规定的纳税期限届满之日起超过3个月未缴纳税款的，对其价值相当于应纳税款的货物或者财产的扣留

C. 海关进行稽查时，发现被稽查人有可能篡改、转移、隐匿、毁弃账簿和单证等资料的，在不妨碍被稽查人正常生产经营活动的前提下，对其账簿、单证资料的暂时封存

D. 进出口货物的纳税义务人、担保人自规定的纳税期限届满之日起超过3个月未缴纳税款的，海关对其应税货物，或者价值相当于应纳税款的货物或者其他财产进行的依法变卖，并以变卖所得抵缴税款

6. 依法对特定的进出口货物、物品减征或免征关税是海关的权力之一，这种权力属于（ ）。

A. 行政许可权　　B. 税费征收权　　C. 行政裁定权　　D. 行政强制权

7. TD公司于2014年3月2日申报进口食品一批，经审核，海关于当日开具税款专用缴款。TD公司于4月2日交纳税款，海关对TD公司超期交纳税款开征滞纳金，属于海关行使（ ）。

A. 行政强制权　　B. 税费征收权　　C. 行政审批权　　D. 行政裁定权

8. 下列选项中属于海关税费征收权范围的有（ ）。

A. 对逾期缴纳进出口税费的，依法征收滞纳金

B. 依法对特定的进出口货物减征或免征关税

C. 对经海关放行后的进出口货物，发现少征或漏征税款的，依法补征、追征税款

D. 进出口货物的收发货人超过规定期限未缴纳税款的，经直属海关关长批准，将应税货物依法变卖，以变卖所得抵缴税款

9. 下列哪些权力属于海关的执法监督检查权？（ ）。

A. 施加封志权　　B. 进出境运输工具

C. 稽查权　　D. 征收滞纳金

10. 海关对有走私嫌疑的运输工具和有藏匿走私货物、物品嫌疑的场所行使检查权时，（ ）。

A. 不能超出海关监管区和海关附近沿海沿边规定地区的范围

B. 不受地域限制，但不能检查公民住处

C. 在海关监管区和海关附近沿海规定地区，海关人员可直接检查；超出这个范围，只有在调查走私案件时，才能直接检查，但不能检查公民住处

D. 在海关监管区和海关附近沿海规定地区，海关人员可直接检查；超出这个范围，只有在调查走私案件时，经直属海关关长或其授权的隶属海关关长批准才能进行检查，但不能检查公民住处

11. 行政强制包括（ ）。

A. 滞报金、滞纳金征收　　B. 处罚担保

C. 税收担保　　D. 税收保全

12. 下列行政行为中，属于海关行使行政强制权的是：（ ）。

A. 依法提取变卖处理超期未报货物

B. 对超期申报的货物征收滞报金

C. 扣留纳税义务人价值相当于应纳税款的货物

D. 取消有违法情形的报关企业的报关资格

13. 进出口货物纳税人在规定的期限内没有缴纳税款的，经直属海关关长或者其授权的隶属海关关长的批准，海关可以（　　）。

A. 书面通知其开户银行或者其他金融机构从其存款内扣缴税款

B. 将应税货物依法变卖，以变卖所得抵缴税款

C. 扣留并依法将其价值相当于应缴纳税款的货物或者其他财产以变卖所得抵缴税款

D. 扣留进出口货物纳税人

14. 海关权力行使的基本原则有（　　）。

A. 合法原则　　B. 适当原则

C. 依法独立行使原则　　D. 依法受到保障原则

15. 海关行政处罚的基本形式包括（　　）。

A. 警告

B. 罚款

C. 没收走私货物、物品、运输工具及违法所得

D. 取缔未经注册登记和未取得报关从业资格从事报关业务的企业和人员的有关活动

二、判断题（对的打“√”、错的打“×”）

1. 公安、工商、税务等部门都有缉私权力，他们查获的案件需行政处罚的，统一移交海关处理。（　　）

2. 有走私嫌疑的运输工具和有藏匿嫌疑的场所，在海关监管区和海关附近沿海沿边规定地区外，经直属海关关长或者其授权的隶属海关关长批准，海关缉私警察可进行检查，包括检查公民住处。（　　）

3. 海关对进出境运输工具的检查不受海关监管区域的限制。（　　）

4. 海关不能以暂停支付方式实施税收保全措施时，可以扣留纳税义务人其价值相当于应纳税款的货物或其他财产。（　　）

5. 进出口货物和海关监管货物因纳税义务人违反规定造成少征或者漏征税款的，海关予以追征，但不加征滞纳金。（　　）

6. 海关在查验进出境货物、物品时，海关不得径行提取货样。（　　）

7. 经相关关长批准后，海关可查阅涉案单位和人员在金融机构、邮政企业的存款、汇款。（　　）

8. 纳税义务人和担保人自纳税期限届满之日起超过 2 个月未缴纳税款的，经直属海关关长或其授权的隶属海关关长批准，海关可以书面通知其开户行或其他金融机构从其暂停支付的存款中扣缴税款。（　　）

9. 海关于 2014 年 11 月 27 日接受某公司进口玉石申报并出具税款专用缴款书，但 2015 年 3 月 1 日企业仍未缴纳税款，海关可以依法变卖其所扣留货物，以变卖所得抵缴税款。（　　）

10. 海关为履行职责，在执行查验任务时可以佩带武器。（　　）

三、填充下表内容

检查权适用范围

对　象	区　域	授　权　限　制
进出境运输工具	两区内外	
走私嫌疑人的身体		可直接检查，但不能在两区外检查
	两区内	海关有关部门可以直接行使，但不能检查公民住处
	两区外	1. 2.

第三节　海关对报关单位的管理实训

实训要求

1. 熟悉海关对报关单位的分类管理；
2. 熟悉海关对报关单位及所属报关人员的管理规定及其应承担的法律责任。

职业技能

1. 能运用所学知识办理报关单位的注册；
2. 能灵活运用海关对报关单位的分类管理及相关法规，解决企业案例实务。

一、不定项选择题（一个或多个正确答案）

1. 除法律、行政法规或者海关规章另有规定外，办理报关业务的报关单位，应当依法到海关办理注册登记。其中报关企业向（　　）注册登记许可申请后，海关20日内做出书面决定并送达申请人。进出口货物收发货人可以直接到（　　）办理注册登记。

A. 直属海关，直属海关　　B. 所在地海关，直属海关

C. 所在地海关，所在地海关　　D. 直属海关，所在地海关

2. 重庆某具有对外贸易经营权的进出口企业，常年在北京、上海、深圳口岸进出口货物，该企业应（　　）。

A. 在重庆向海关申请办理报关注册登记手续

B. 在上海向海关申请办理报关注册登记手续

C. 在深圳向海关申请办理报关注册登记手续

D. 在北京向海关申请办理报关注册登记手续，并分别在上海、深圳向海关办理分支机构注册登记手续

3. 下列未取得对外贸易经营者备案登记，按照国家有关规定需要从事非贸易性进出口活动的，应当办理临时注册登记手续的单位是（　　）。

A. 境外企业、新闻、经贸机构、文化团体等依法在中国境内设立的常驻代表机构

B. 少量货样进出境的单位

C. 国家机关、学校、科研院所等组织机构

D. 临时接受捐赠、礼品、国际援助的单位

4. 报关单位对报关差错记录有异议的，可以自报关差错记录之日起（　　）日内向记录海关以书面方式申请复核。

A. 5　　B. 7　　C. 10　　D. 15

5. 海关企业分类管理办法中，“上一年度进出口报关差错率”是一个重要的指标，请指出下列哪些判断是正确的？（　　）。

A. AA 类进出口货物收发货人上一年度进出口报关单差错率要求在 3%以下

B. A 类进出口货物收发货人上一年度进出口报关差错率要求在 5%以下

C. A 类报关企业上一年度代理申报的进出口报关差错率要求在 5%以下

D. C 类报关企业上一年度代理申报的进出口报关差错率要求在 10%以上

6. 报关单位在办理报关业务的过程中，进出口货物的品名、税则号列、数量、规格、价格、贸易方式、原产地、起运地、运抵地、最终目的地或者其他应当申报的项目未申报或者申报不实的，应按照相关规定进行处罚。下列说法正确的是：（　　）。

A. 影响海关统计准确性的，予以警告或者处以 1 000 元以上 3 万元以下罚款

B. 影响国家许可证件管理的，处货物价格 10%以上 50%以下罚款

C. 影响国家税款征收的，处漏缴税款 30%以上 2 倍以下罚款

D. 影响国家外汇、出口退税管理的，处申报价格 10%以上 50%以下罚款

7. 下列企业、单位中不属报关单位的是：（　　）。

A. 经海关批准在海关临时注册登记的境内某大学

B. 在海关注册登记的经营进出境快件业务的某快递公司

C. 在海关注册登记的某外商投资企业

D. 在海关注册登记的经营转关运输货物境内运输业务的某承运人

8. 北京某进出口企业，常年在天津、哈尔滨口岸进出口货物，该企业可以（　　）。

A. 在北京向海关申请办理报关注册登记手续

B. 在天津向海关申请办理报关注册登记手续

C. 在哈尔滨向海关申请办理报关注册登记手续

D. 在北京向海关申请办理报关注册登记手续，并分别在天津、哈尔滨向海关办理分支机构注册登记手续

9. 报关企业适用 B 类管理的是：（　　）。

A. 首次注册登记的

B. 1 年内因违反海关监管规定被处罚款累计总额达 50 万元人民币的

C. 报关企业非法代理他人报关或超出从业范围的

D. 首次注册后管理类别未发生调整的

10. 进出口货物收发货人申请办理注册登记，应当提交下列文件材料，另有规定的除外：（　　）。

A. 《报关单位情况登记表》

B. 营业执照副本复印件以及组织机构代码证书副本复印件

C. 对外贸易经营者备案登记表复印件或者外商投资企业（台港澳侨投资企业）批准证书复印件

D. 其他与注册登记有关的文件材料

11. 进出口货物收发货人有下列情形之一的，应当以书面形式向注册地海关办理注销手续（　　）。

A. 破产、解散、自行放弃报关权或者分立成两个以上新企业的

B. 被工商行政管理机关注销登记或者吊销营业执照的

C. 丧失独立承担责任能力的

D. 对外贸易经营者备案登记表或者外商投资企业批准证书失效的

12. 报关企业注册登记许可期限为（　　）年。

A. 1　　B. 2　　C. 5　　D. 永久

13. 有下列哪些情形之一的，海关应当依法注销注册登记许可：（　　）。

A. 有效期届满未申请延续的

B. 注册登记许可依法被撤销、撤回，或者注册登记许可证件依法被吊销的

C. 由于不可抗力导致注册登记许可事项无法实施的

D. 法律、行政法规规定的应当注销注册登记许可的其他情形

14. 在宁波注册登记的舟山报关行和其在上海、青岛设立的分支机构均适用 A 类管理。其在上海的分支机构代理报关的一批货物因侵犯相关知识产权被海关没收。以下关于海关调整该报关行及其分支机构的管理类别表述正确的是：（　　）。

A. 舟山报关行和其在上海、青岛设立的分支机构的管理类别均调整为 B 类

B. 舟山报关行和其在青岛设立的分支机构的管理不作调整，在上海设立的分支机构调整为 B 类

C. 将舟山报关行的管理类别调整为 B 类，其在上海、青岛设立的分支机构不作调整

D. 舟山报关行和其在上海的分支机构的管理类别调整为 B 类，在青岛设立的分支机构不作调整

15. 进出口收发货人有下列哪些条件适用 C 类管理：（　　）。

A. 有走私罪的

B. 1 年内有 2 次因进出口侵犯知识产权货物而被海关行政处罚的

C. 拖欠应纳税款、应缴罚没款项 50 万元人民币以下的

D. 首次注册登记后，管理类别未发生调整的

16. A 类报关企业有下列哪些条件适用降类管理的？（　　）。

A. 上年度代理报关总量 2 000 票的

B. 海关发现 1 年内 2 次申报不实，影响海关统计的

C. 上年度代理报关差错率 2%的

D. 连续 1 年无拖欠应纳税款、罚款事项的

17. 报关企业从事报关服务时应当履行的义务有：（　　）。

A. 不得以任何形式出让其名义供他人报关

B. 建立账簿和营业记录等档案，完整保留各种单证、票据、函电以备查

C. 对委托人所提供情况的真实性、完整性合理审查（商业单证，许可证件、手册或电子数据等单证）

D. 配合海关监管工作，不得违法滥用报关权

18. 报关单位有下列哪些违规行为，给予警告，可以处 3 万元以下罚款的？（　　）。

A. 擅自开启或者损毁海关封志

B. 遗失海关制发的监管单证、手册等凭证，防碍海关监管的

C. 损坏或丢失海关监管货物，无法提供正当理由

D. 向海关工作人员行贿的

19. 报关单位的下列违规行为，可以处 5 万元以下罚款的是：（　　）。

A. 侵犯知识产权未如实申报的

B. 未提交合法使用有关知识产权证明文件的

C. 报关企业非法代理他人报关或超出从业范围的

D. 遗失海关监管单证手册等凭证，妨碍海关监管的

20. 进出口货物收发货人适用 B 类管理的是：（　　）。

A. 首次注册登记的

B. 1 年内因违反海关监管规定被处罚款累计总额 50 万元人民币的

C. 报关企业非法代理他人报关或超出从业范围的

D. 遗失海关监管单证手册等凭证，妨碍海关监管的

二、判断题（对的打“√”、错的打“×”）

1. 中华人民共和国工商行政管理总局是报关单位注册登记管理的主管机关。（　　）

2. 报关单位注册登记分为报关企业注册登记和进出口货物收发货人注册登记。（　）

3. 报关企业应当经所在地直属海关或者其授权的隶属海关办理注册登记后，方能办理报关业务。（　）

4. 进出口货物收发货人可以直接到所在地海关办理注册登记。（　　）

5. 临时注册登记是单位在向海关申报进出境货物前，只能向所在地海关办理备案手续。（　　）

6. 报关单位必须在取得对外贸易经营权并依法在海关注册登记后，才能办理报关手续。（　　）

7. 报关企业和进出口货物收发货人须经海关注册登记许可后方可向海关办理报关单位注册登记手续。（　　）

8. 海关临时注册登记有效期最长为 7 天，有效期届满后应当重新办理临时注册登记手续。（　　）

9. 临时注册登记的，海关可以出具临时注册登记证明，同时予以核发注册登记证书。(　　)

10. 淮安四新报关有限公司经所在地直属海关注册同意后，可在我国关境内各口岸办理报关手续。(　　)

11. 报关单位跨关区办理报关业务的，需办理临时注册手续。(　　)

12. 报关单位所属报关人员发生变更的，进出口货物收发货人应当在变更事实发生之日起 30 日内，持变更证明文件等相关材料到注册地海关办理变更手续。(　　)

13. 海关规定注销报关企业设立的所有分支机构的，应当同时注销该报关企业的海关注册登记。(　　)

14. 报关企业和进出口货物收发货人均为 B 类及以上类别的，按进出口货物收发货人的管理类别实施管理措施。(　　)

15. 违规进出口属于国家限制进出口管理的货物，且申报时不能提交许可证件的，海关不予放行货物，并处货值 30%以下罚款。(　　)

16. 报关单位申报时不能提交自动许可证件的，报关单位可以在海关放行货物后，补办自动许可证件。(　　)

17. 进出境侵犯知识产权的货物，进出口收发货人在海关处以货物价值 25%的罚款后，可到海关办理退运手续。(　　)

18. 进出境货物收发货人向海关注册登记后，海关予以签发《临时注册登记证书》。(　　)

19. 报关企业向海关注册登记后，海关予以签发《中华人民共和国海关报关企业注册登记证书》。(　　)

20. 企业所聘请的报关人员需要到海关办理报关人员备案证明以便开展本单位报关工作。(　　)

三、案例实务

1. 某报关公司于 2013 年 3 月 10 日向海关申请办理代理报关业务，经海关审核同意，于 2013 年 3 月 30 日注册登记，并发放《中华人民共和国海关报关单位注册登记证书》。2014 年 4 月 20 日该报关公司提出申请，经海关审核升级为 A 类管理。2015 年 3 月 25 日，该报关公司向海关提出办理注册登记延期申请，海关未予受理。请问：

（1）该报关公司 2014 年 3 月 10 日向海关申请办理代理报关业务时，应提交哪些资料？适用哪类企业管理？为什么？

（2）2015 年 4 月 20 日，该报关公司申请升级为 A 类企业管理，应符合哪些条件？

（3）2015 年 3 月 25 日，海关不受理注册登记延期申请的依据是什么？该报关公司可否继续办理代理报关业务？

2. 某报关公司的报关人员陶小林，2014 年 4 月 25 日代理双凤贸易公司申报进口法国产“波尔多红酒”12 000 瓶。发票金额显示 EXW EUR 51 600，陶小林输机申报为：CIF SHANGHAI EUR 51 600。海关审核发现，对此做出处罚决定，并补征相关税款。请问：

（1）海关的行政处罚决定应对谁做出，双凤贸易公司、某报关公司还是报关人员陶小林？

（2）海关处罚适用哪条处罚条文？

（3）陶小林为什么给公司带来了损失？

第四节　国际贸易货物的海关税费征收实训

知识要点

国家对进出口商品征收的税种主要有：进出口关税、增值税、消费税。我国对进口关税设置最惠国税率、协定税率、特惠税率、关税配额税率、普通税率等。对适用最惠国税率、协定税率、特惠税率、关税配额税率的进口货物及出口货物在一定期限内可以实行暂定税率。税款以人民币计征。

职业技能

1. 正确运用计算公式，准确选用适用税率；
2. 掌握征、补、退税的时间点以及完税价格的基本组成和计算。

一、不定项选择题（一个或多个正确答案）

1. 我国征收进口关税采用的计征方法有（　　）。

A. 从价税　B. 从量税　C. 选择税　D. 复合税

2. 我国目前征收的进口附加税包括（　　）。

A. 反倾销税　B. 保障措施特别关税
C. 反补贴税　D. 滑准税

3. 关税纳税义务人有（　　）。

A. 进口货物的收货人　B. 出口货物的发货人
C. 保税仓库的经营人　D. 进出境物品的所有人

4. 进口一批原产于越南（东盟成员国）且可以适用特惠税率的货物，如果现行税则中同时还规定有暂定税率，该货物应当（　　）。

A. 适用特惠税率　B. 适用协定税率
C. 适用暂定税率　D. 从低适用税率

5. 我国内地生产的棉纱线在日本机织成布匹并出口到香港，在香港加工成全棉T恤出口到我国内地。该货物的原产地应为（　　）。

A. 中国　B. 日本
C. 香港　D. 以上答案均不正确

6. 我国对进口货物征收关税适用的税率有（　　）。

A. 最惠国税率　B. 协定税率　C. 特惠税率　D. 普通税率

7. 我国非优惠原产地规则中对于货物在两个或两个以上国家或地区经过加工或处理时，判断其原产地的标准有：（　　）。

A. 看其经过加工是否改变了税号　B. 看其加工产生的增值额是否足够大
C. 看其经过的加工是否符合规定的要求　D. 看其最后加工是否在受惠国内完成

8. 我国非优惠原产地规则的实质性改变标准中以税则改变为主要标准，是指（　　）。

A. 大部分货物适用税则归类改变标准作为判断是否经过实质性加工的标准

B. 重要货物适用税则归类改变标准作为判断是否经过实质性加工的标准

C. 税则归类改变不能反映实质性改变的，适用从价百分比和制造或加工工序标准

D.《适用制造或者加工工序及从价百分比标准的货物清单》中没有规定的，适用税则归类改变标准

9. 下列货物适用的税率不正确的是（　　）。

A. 进口货物在到达前向海关申报的，应适用装载该货物的运输工具申报进境之日实施的税率

B. 分期支付租金的租赁进口货物，每次交付租金后均应适用该货物第一次向海关申报进口之日的税率

C. 进口转关货物，适用指运地海关接受申报进口之日实施的税率

D. 海关批准转为境内销售的保税货物，应适用海关接受其内销申报之日的税率

10. 下列关于进口货物适用税率的表述中，错误的是（　　）。

A. 原产于与我国签订含有关税优惠条款的区域性贸易协定的国家或者地区的进口货物，适用最惠国税率

B. 原产于与我国签订含有特殊关税优惠条款的贸易协定的国家或者地区的进口货物，适用特惠税率

C. 适用最惠国税率的进口货物有暂定税率的，应当适用暂定税率

D. 原产地不明的进口货物适用普通税率

11. 我国原产地规则中的直接运输规则规定，由于地理位置或运输路线原因，货物不得不经过非受惠国时，可以作为例外，但不得在途经的非受惠国关境内（　　）。

A. 使用

B. 交易

C. 消费

D. 除装卸和保持货物良好状态简单处理外的其他处理

12. 下列适用税率时间正确的是：（　　）。

A. 因超过规定期限未报被海关依法变卖的进口货物，适用该货物被变卖之日实施的税率

B. 一般贸易进口货物适用申报进口之日实施的税率

C. 享受关税减免优惠后，因故经海关批准出售、转让的货物，适用海关接受纳税义务人再次填写报关单申报办理纳税及有关手续之日实施的税率

D. 在租赁期满续租进口的货物，适用海关接受纳税义务人再次填写报关单申报办理纳税及有关手续之日实施的税率

13. 从价计征的消费税其组成计税价格为：（　　）。

A. 进口货物的完税价格

B. 进口货物的完税价格+进口关税税额

C.（进口货物的完税价格+进口关税税额）÷（1–消费税税率）

D. 进口货物的完税价格+进口关税税额+消费税税额+增值税税额

14. 茵美光学眼镜公司向海关申报进口价值 3 000 美元的光学眼镜片加工设备一台。假设适用汇率为 100 美元＝665 元人民币，关税税率为 20%，增值税率为 17%。该设备应征收增值税税额为人民币（　　）。

A. 4 069.8 元　B. 3 391.5 元　C. 3 990 元　D. 2 394 元

15. 我国海关法规定，（　　）不足人民币 50 元的免征；超过的，按应征金额计征。

A. 一票进口货物的关税完税价格

B. 一批进口货物的完税价格

C. 一票进口货物的关税税额

D. 一批货物的进口关税和进口环节国内税税额之和

16. 下列属于法定减免税的有：（　　）。

A. 无商业价值的货样和广告品　B. 救灾捐赠物资

C. 海关放行前遭受损失、损坏的货物　D. 外国政府、国际组织无偿赠送的物资

17. 目前，我国进口环节消费税采用的征收方法有：（　　）。

A. 从价计税征收　B. 从量计税征收

C. 复合计税征收　D. 滑准计税征收

18. 对于其关税税额不足人民币 50 元、进口环节消费税税额超过人民币 50 元的进口货物，其进口环节增值税的组成计税价格应当包括：（　　）。

A. 关税完税价格　B. 关税税额　C. 消费税税额　D. 增值税税额

19. 如果海关于 2014 年 3 月 22 日（星期五）填发税款缴款书，纳税义务人应当最迟于（　　）缴纳税款。（国务院通知：2014 年清明节放假时间为 4 月 5 日、4 月 6 日、4 月 7 日）

A. 4 月 8 日（星期二）　B. 4 月 7 日（星期一）

C. 4 月 5 日（清明节，星期六）　D. 4 月 6 日（星期日）

20. 暂时进口货物在暂时进口期限届满后留在我国境内不复运出境的，其收发货人应当在（　　）向海关申报纳税，逾期未申报，海关将征收（　　）。

A. 期限届满前，滞纳金　B. 期限届满之日起 14 日内，滞报金

C. 期限届满之日起 15 日内，滞报金　D. 期限届满之日起 30 日内，滞纳金

21. 纳税义务人发现海关多征税款的，可以自缴纳税款之日起（　　）向海关申请退还。

A. 3 个月内　B. 6 个月内　C. 1 年内　D. 3 年内

22. 《海关法》授权海关可以征收滞纳金的情况有：（　　）。

A. 海关填发税款缴款书之日起 15 日内未缴纳税款的

B. 租赁进口的货物，在进口后每次支付租金之日起 15 日内，未向海关申报纳税的

C. 续租原租赁货物，原租赁期届满之日起 30 日内未向海关申报纳税的

D. 海关追征关税的

23. 《海关法》规定可以退还关税的范围有：（　　）。

A. 已缴纳税款的进口货物缴纳税款后，因质量、规格的原因原状退货复出境的

B. 已出口的货物又被国内企业购买复进口的

C. 已征出口税因故未装运出口，申报退关的

D. 进口货物缴纳税款后，因质量原因，发货人、承运人或保险公司赔偿相应货款的，赔偿货款部分的相应税款

24. 下列哪些关税属于进口关税的正税？（　　）。

A. 进口税　　B. 反倾销税　　C. 出口税　　D. 特别关税

25. 我国对下列哪些货物征收的增值税税率为13%？（　　）。

A. 食用花生油　　B. 拖拉机　　C. 石油液化气　　D. 金粉

二、判断题（对的打“√”、错的打“×”）

1. 进口环节消费税的税额计算公式为：消费税税额=（关税完税价格+关税税额）÷（1–消费税税率）。（　　）

2. 苏州科贸有限公司进口码垛机一批，成交价格 CIF 上海，经海关核准转关运输到苏州海关办理申报纳税手续。苏州海关征税时应将上海至苏州的运输费用和保险费计入完税价格。（　　）

3. 暂时进境展出的货物，展览结束后经批准被某单位购买，海关征税时应以原进境时的到岸价格为完税价格征税。（　　）

4. 德国 KLL 公司中标在我国境内修筑轻轨中心换乘站，经批准暂时进口自推式挖掘机 2 台，于 2012 年 7 月 10 日从上海港进口，经上海海关批准于 2013 年 11 月 15 日复运出境。海关应征 12 个月的进口关税。（　　）

5. 暂时进口货物超过 6 个月，经海关批准仍留在境内使用，按规定海关从第 7 个月起每月应征关税=原进境时的 CIF×法定关税率×1/60。（　　）

6. 某单位经批准进口德国制造的汽车 50 辆，每辆汽车中附带英国制造的修理工具一套，该修理工具的原产地是英国。（　　）

7. 某航空公司经批准从美国租赁直升飞机一架，租赁期一个月，飞机进口时向海关申报 CIF 价格为 USD1 000 000，月租金为 USD80 000，该单位向海关申请一次缴纳关税，海关征税时可以 CIF 价格为完税价格征税。（　　）

8. 我国的《进出口税则》中设最惠国税率和暂定税率，如一种进口商品在税则中既设有最惠国税率又设有暂定税率，则海关征税时按暂定税率征税。（　　）

9. 卡路里公司进口变速箱零件一批，海关查验征税放行后，货主在货物入库清点时发现短少，纳税人要求海关退还短少部分货物应缴纳的税款，海关应当退还。（　　）

10. 某单位出口一批黏合剂，海关按照适用出口关税率 0%给予放行。一年后发现该单位出口的商品实为尿素，出口关税率 5%。海关不应当追征已漏征的税款。（　　）

11. 某单位进口一批货物，在海关征税放行后，发现部分货物不符合合同规定的标准，退运索赔后不再进口，要求海关退还退运货物已纳税款。海关按照《关税条例》的有关规定，退运出口时不征出口税，对已征进口关税不予退还。（　　）

12. 出口货物的完税价格计算公式为：完税价格=货物 FOB 价格÷（1–出口关税税率）。（　）

13. 转为正式进口的暂时进口的工程机械，应适用海关接收正式进口申报之日的税率。(　　)

14. 一般进口货物都应在向海关申报时交验合法有效的原产地证书。(　　)

15. 某外商投资企业进口一批设备，海关免税放行。一年后海关发现该企业已将此设备出售给非享受免税待遇的单位，因为已超过了补税期限，所以海关不应补征税款。(　　)

16. 山西太原卡路里公司 2013 年 12 月 2 日进口德国生产的工程设备一台，海关按 10%的关税率征税放行。2014 年 1 月 1 日该公司发现该工程设备的税率降至为 5%，该公司认为在 1 个月内多缴了 10 万元的税款，要求海关退还。海关不予退还。(　　)

三、计算题

1. 山东星星公司从荷兰进口奶粉 100 吨，成交价格为 FOB 鹿特丹 100 美元/千克，总运费为 5 500 美元，保险费率为 2‰，汇率为 1 美元=6.2 元人民币，关税税率为 14%。请分别计算关税完税价格和关税税额。

2. 重庆进出口公司出口元明粉 1 000 吨，出口申报价格 CIF 横滨 USD12 000，运费总价为 USD800，保险费 USD100。元明粉出口税率为 5%。请计算应纳关税额（1 美元=6.2 元人民币）。

3. 广州某公司经香港 AB 公司从德国购进一辆奔驰轿车，成交价格 FOB 100 000 美元，运费 6 000 美元，保险费率 3‰。另付香港 AB 公司佣金 FOB 3%，经查该汽车的税则号列应归 8 703.234 2，适用税率为 25%，消费税 5%。请计算进口关税、增值税、消费税（1 美元=6.2 元人民币）。

4. 昆明某公司从孟加拉进口孟加拉蟹，进口申报价格为：CIF 昆明 80 000 美元，孟加拉蟹的最惠国关税税率 23%，特惠税率 0%，请计算应纳关税额和增值税额（1 美元=6.2 元人民币）。

5. 四川某公司出口化肥 5 000 吨到韩国釜山，成交总价为 FOB 上海 30 000 美元，运费总价为 800 美元，保险费率为 3‰，关税税率为 5%。请计算关税完税价格和应缴税额

（1 美元=6.2 元人民币）。

6. 上海某贸易公司从法国进口一批成衣，成交价格 CIF 上海 80 000 美元，经上海海关审定，该批货物完税价格为 CIF 上海 100 000 美元。该成衣的适用关税税率为 14%，增值税率为 17%，请计算关税完税价格、应纳进口关税额、应纳增值税额（1 美元=6.2 元人民币）。

7. 安徽某贸易公司从英国进口 5 000 箱润滑油，规格为 12×1 升/箱，申报价格为 FOB 伦敦 USD200/箱，发票显示：运费为 USD5 000，保险费率为 0.3%，经海关审查属实。该润滑油的最惠国税率为 6%，消费税税额为 1 元/升，增值税税率为 17%。请计算该批润滑油的应纳关税、消费税和增值税额（1 美元=6.2 元人民币）。

8. 天津某公司 2014 年 4 月 5 日从美国惠好公司购进“浆粕”（HS：470200000）10 吨，成交总价为 CIF 天津新港 25 000 美元。海关总署公告 2014 年第 27 号规定：根据《中华人民共和国反倾销条例》的规定，国务院关税税则委员会决定自 2014 年 4 月 6 日起对进口原产于美国、加拿大和巴西的浆粕征收反倾销税，期限为 5 年。已知税号 4702000001 项下美国惠好公司生产的“浆粕”需征收 17%的反倾销税。请计算应征关税、增值税和反倾销税税款（1 美元=6.2 元人民币，HS：4702000001 的最惠国关税率 0%，普通关税税率 8%）。

9. 浙江某汽车制造公司从英国购进德国 AK 公司生产的杆径 8 毫米的螺栓（HS:73181500，最惠国税率 8%，普通关税率 70%），成交总价为 CIF 杭州 36 000 美元。根据《中华人民共和国反倾销条例》的规定，国务院关税税则委员会决定自 2010 年 6 月 29 日起，对原产于欧盟的进口碳钢紧固件征收反倾销税，期限为 5 年，所涉税则号列：73181200、73181400、73181500、73182100 和 73182200。请计算应征关税、增值税和反倾销税税款（1 美元=6.2 元人民币）。

碳钢紧固件反倾销税税率表

原产国（地区）	厂商名称	征收比率
欧盟	卡马克斯工厂鲁道夫·凯乐曼有限两合公司 KAMAX-Werke Rudolf Kellermann GMBH & Co. KG	6.1%
	其他欧盟公司（All Others）	26.0%

10. 石家庄某公司于 2014 年 3 月 2 日从俄罗斯进口 4.5×1 000×1 500mm 铝板（HS：76069100，最惠国税率 6%，普通税率 30%）一批，成交总价为 CIF 天津 40 000 元人民币，石家庄某公司于 3 月 10 日向天津新港海关申报进口，进口报关单上原产地为“俄罗斯”，海关查验发现货物无原产地标识，无法判断该货物原产地为俄罗斯。请计算应征关税和增值税税款（1 美元=6.2 元人民币）。

11. 福建某公司为批量订购“摩托车尾气过滤装置”（HS：84213930，最惠国税率 5%），2014 年 4 月 5 日从台湾进口少量样品，货值 CIF 厦门 500 元人民币。请计算应征关税和增值税税款（1 美元=6.2 元人民币）。

12. 蛇口某公司从加拿大购进原产于美国的冻的带骨鸡块 100 吨，成交价格为 FOB 蛇口 5 500 美元/吨，海运费为 3 000 美元，保费率 0.3%（HS：02071411，最惠国税率 0.6 元/千克，1 美元=6.2 元人民币）。请计算应征关税和增值税税款。

13. 海南某航空公司 2013 年 7 月 7 日从美国进口一架波音 737-800 型客机，成交价格为 CIF 海口 25 000 000 美元（HS：88024010，暂定税率 1%，最惠国税率 5%，1 美元=6.2 元人民币）。请计算应征关税和增值税税款。

14. 郑州某公司于 2014 年 3 月 3 日申报从意大利进口女式牛皮鞋 100 双，成交价格 CIF 郑州 16 000 美元。海关于 2014 年 3 月 3 日填发海关专用缴款书，该公司于 5 月 20 日缴纳税款（HS：64039900，最惠国税率 10%，1 美元=6.2 元人民币）。请计算应征关税和增值税税款及应征滞纳金。

15. 海河纸业有限公司从境外购进烘干机一套，用于造纸生产线。总价为 CIF 天津 350 000 美元。装载货物的运输工具于 4 月 5 日（星期六）向海关申报进口。海河纸业有限公司于 4 月 22 日申报进口，海关于 4 月 23 日接受申报。请计算滞报时间和应缴滞报金额（1 美元=6.2 元人民币）。

知识补充与重点实训

一、知识补充

（一）与舱单管理相关的术语

原始舱单，是指舱单传输人向海关传输的反映进境运输工具装载货物、物品或者乘载旅客信息的舱单。

预配舱单，是指反映出境运输工具预计装载货物、物品或者乘载旅客信息的舱单。

装（乘）载舱单，是指反映出境运输工具实际配载货物、物品或者载有旅客信息的舱单。

提（运）单，是指用以证明货物、物品运输合同和货物、物品已经由承运人接收或者装载，以及承运人保证据以交付货物、物品的单证。

总提（运）单，是指由运输工具负责人、船舶代理企业所签发的提（运）单。

分提（运）单，是指在总提（运）单项下，由无船承运业务经营人、货运代理人或者快件经营人等企业所签发的提（运）单。

运抵报告，是指进出境货物、物品运抵海关监管场所时，海关监管场所经营人向海关提交的反映货物、物品实际到货情况的记录。

理货报告，是指海关监管场所经营人或者理货部门对进出境运输工具所载货物、物品的实际装卸情况予以核对、确认的记录。

疏港分流，是指为防止货物、物品积压、阻塞港口，根据港口行政管理部门的决定，将相关货物、物品疏散到其他海关监管场所的行为。

分拨，是指海关监管场所经营人将进境货物、物品从一海关监管场所运至另一海关监管场所的行为。

装箱清单，是指反映以集装箱运输的出境货物、物品在装箱以前的实际装载信息的单据。

（二）与报关单位管理相关的术语

报关单位，是指按照本规定在海关注册登记的报关企业和进出口货物收发货人。

报关企业，是指按照本规定经海关准予注册登记，接受进出口货物收发货人的委托，以委托人的名义或者以自己的名义，向海关办理代理报关业务，从事报关服务的中华人民共和国关境内的企业法人。

进出口货物收发货人，是指依法直接进口或者出口货物的中华人民共和国关境内的法人、其他组织或者个人。

报关人员，是指经报关单位向海关备案，专门负责办理所在单位报关业务的人员。

报关差错率，是指报关单位被记录报关差错的总次数，除以同期申报总次数的百分比。

中西部，指除东部地区以外的其他地区。东部地区包括北京市、天津市、上海市、辽宁省、河北省、山东省、江苏省、浙江省、福建省和广东省。

（三）与征税相关的术语和知识

纳税义务人缴清税款之日为银行收讫税款日。

二、重点实训

一、填空

1. 海关根据报关单位遵守法律、行政法规、海关规章、相关廉政规定和经营管理状况，以及海关监管、统计记录等，设置____、____、____、____、____五个管理类别。

2. 海关总署按照守法便利原则，对企业制定相应的差别管理措施，其中____类和____类企业适用相应的通关便利措施，____类企业适用常规管理措施，____类和____类企业适用严密监管措施。

3. 进出口货物收发货人适用 AA 类企业管理的条件之一是：上一年度进出口报关差错率在____ 以下。

4. 进出口货物收发货人适用 A 类企业管理的条件之一是：上一年度进出口报关差错率在____以下。

5. 进出口货物收发货人适用 C 类企业管理的条件之一是：一年内有____次以上违反海关监管规定行为，且违规次数超过上一年度报关单及进出境备案清单总票数____的。

6. 报关企业适用 AA 类管理的条件之一是：上一年度代理申报的进出口报关单及进出境备案清单总量在____票（中西部____票）以上或者上一年度进出口报关差错率在____以下。

7. 报关企业适用 A 类管理的条件之一是：上一年度代理申报的进出口报关单及进出境备案清单等总量在____票以上；或者上一年度代理申报的进出口报关差错率在____以下。

8. 报关企业适用 C 类管理的条件之一是：一年内有____次以上违反海关监管规定的

行为，或者____年内因违反海关监管规定被处罚款累计总额人民币 50 万元以上的；或者上一年度代理申报的进出口报关差错率在____以上的；或者 1 年内代理报关的货物因侵犯知识产权而被海关没收达____次且未尽合理审查义务的。

9. AA 类企业涉嫌走私被立案侦查或者调查的，海关暂停其与管理类别相应的管理措施；暂停期内，按照____类企业的管理措施实施管理。

10. 河南安阳报关公司（A 类）因故将工商执照上的公司名称更名为富春江报关有限公司，海关将对其按照____类企业的管理措施实施管理。

11. 《中华人民共和国海关企业分类管理办法》规定，进出口货物收发货人或报关企业，一年内被处以警告以及罚款额在人民币____以下的违反海关监管规定行为，不作为企业分类管理评定记录。

12. 报关单位应当在每年____月____日前向注册地海关提交《报关单位注册信息年度报告》。

13. 报关单位所属人员从事报关业务的，报关单位应当到海关办理备案手续，海关予以____。

14. 报关企业办理注册登记许可延续手续，应当在有效期届满____日前向海关提出申请。

15. 临时注册登记有效期最长为____年，有效期届满后应当重新办理临时注册登记手续。

16. 进出口货物收发货人企业名称、企业性质、企业住所、法定代表人（负责人）等海关注册登记内容发生变更的，应当自变更生效之日起____日内，持变更后的营业执照副本或者其他批准文件以及复印件，到注册地海关办理变更手续，否则海关可以处____万元以下罚款。

17. 海关注册登记编码是其在海关办理报关手续的唯一身份标志，由____位数字或字母组成。

18. 海关注册登记编码第 1～4 位是报关单位所在地________代码；第 5 位表示________代码，其中第 5 位为“1”表示为________，第 5 位为“6”表示为________；第 6 位表示________代码，其中第 6 位为“1”表示为________，第 6 位为“3”表示为________，第 6 位为“8”表示为________。

19. 海关每月适用固定汇率计征税款，根据《中华人民共和国海关进出口货物征税管理办法》规定，计征汇率为上一个月第____个星期____（第____个星期____为法定节假日的，顺延用第____个星期____）中国人民银行公布的外币对人民币的基准汇率；以基准汇率币种以外的外币计价的，采用同一时间中国银行公布的现汇买入价和现汇卖出价的中间值（人民币元后采用四舍五入法保留____位小数）。

20. 进出口货物的价格及有关费用以外币计价的，海关按照该货物适用________之日所适用的计征汇率折合为人民币计算完税价格。完税价格采用四舍五入法计算至分。

21. 纳税义务人应当自海关填发税款缴款书之日起____日内向指定银行缴纳税款。逾期缴纳税款的，由海关自缴款期限届满之日起至缴清税款之日止，按日加收滞纳税款____的滞纳金。纳税义务人应当自海关填发滞纳金缴款书之日起____日内向指定银行缴纳滞纳金。滞纳金的起征点为____元。

22. 纳税义务人发现多缴纳税款的，自缴纳税款之日起____年内，可以向海关申请退还多缴的税款并加算银行同期活期存款利息；海关发现多征税款的，应当立即通知纳税义务人办理退税手续。纳税义务人应当自收到海关通知之日起____个月内办理有关退税手续。

二、填表

1. 汇率、税率适用情况汇总表

类别	货物情况	汇率、税率适用日期
进出口货物	提前申报的进口货物	海关接受申报进出口之日
	进口转关运输货物	
	提前申报的进口转关运输货物	
	出口转关运输货物	
	集中申报的进出口货物	
	超过规定期限未申报而被海关依法拍卖的进口货物	
	纳税人违反规定而需追征税款的进出口货物	
	违规行为不能确定的进出口货物	

2. 关税和进口环节海关代征税计征计算公式

计税公式项目	公式
从价计征关税	应纳税额=完税价格×关税税率
从量计征关税	
计征进口环节增值税	
从价计征进口环节消费税	
从量计征进口环节消费税	

三、案例实务

1. 海关总署2013年54号公告指出，2014年不再组织报关员从业资格考试，请问哪些人员可以向海关报关？

答：

2. 武汉大地乳品公司于2014年12月1日委托杉杉贸易公司与荷兰海普诺凯集团公司签约购买“佳贝艾特”奶粉18吨，成交价格CIF武汉10美元/千克。海普诺凯集团公司租用CRONOS公司的20尺集装箱一个，装载该批奶粉，集装箱号CRSU78395382319，2015年2月1日将该批奶粉交由马斯基马士基（中国）航运有限公司从鹿特丹港启运，船名：CRONO；航次号：V.259N。2015年3月20日抵达上海洋山港。

假设上海海天报关有限公司受杉杉贸易公司委托，于 2015 年 3 月 28 日向海关申报进口该批奶粉，海关 H2000 于当日发布“接单交单”，海关于 2015 年 3 月 28 日填发税款缴款通知书。请问：

（1）货物的进口“申报地”应是何处？“进境地”应是何处？

答：

（2）该货物进口计征税款所适用汇率应为 2015 年几月几日的中国银行公布的现汇买入价和现汇卖出价的中间值？

答：

（3）进境运输工具舱单应由谁向海关申报？何时向海关申报？

答：

（4）请问该货物进口计征税款所适用税率应为几月几日？

答：

（5）杉杉贸易公司应于何时前到银行办理缴纳税款手续？如杉杉贸易公司于 4 月 15 日向银行办理税款缴纳手续，于 4 月 16 日向海关办理税款核注手续，请计算滞纳税款多少天？

答：

（6）如果该批货物在运输途中遇暴风雨，其中 5 吨奶粉受海水侵蚀，无法使用。那么，杉杉贸易公司是否可向海关申报免征 5 吨奶粉的关税？

答：

第四章　国际贸易货物基本报关程序实训

实训要求

1. 必须掌握进出境货物的海关基本报关程序；

2. 熟练掌握一般进出口、保税加工（特殊监管区除外）以及特定减免税这三种货物的报关流程；

3. 熟练掌握海关对滞报金、报关单删改单、集中申报、转关运输等相关规定及实际操作运用。

职业技能

1. 通过实训掌握海关的基本报关程序管理规范及其流程所涉及的相关知识；

2. 能运用所掌握的知识解决企业一般进出口、保税加工、特定减免税货物的海关通关实务问题。

第一节　报关程序概述与一般进出口货物实训

实训要求

1. 熟悉各类监管货物的定义及其报关流程；

2. 熟悉海关各类监管货物在报关程序三个阶段中报关人员的不同职责。

职业技能

1. 通过练习掌握海关对国际贸易一般进出口货物的管理要求；

2. 熟悉国际贸易进出境货物海关申报的时间、地点以及滞报金的计算；

3. 熟悉海关对报关单修改和撤销的管理办法；

4. 熟悉海关放行后所签发的各种报关单证明联及其用途；

5. 能完成企业内报关前的报关单证准备、独立完成向海关申报业务、配合海关完成查验放行工作并提取货物。

一、不定项选择题（一个或多个正确答案）

1. 下列关于申报地点的表述，错误的是：（　）。

A. 进口货物应当在进境地海关申报

B. 出口货物应当在出境地海关申报

C. 经海关同意，进口货物可以在指运地海关申报，出口货物可以在起运地海关申报

D. 特定减免税货物改变性质转为一般进出口时，应当在货物原进境地海关申报

2. 关于申报期限，以下表述正确的是：（　　）。

A. 进口货物的申报期限为自装载货物的运输工具进境之日起 14 日内

B. 出口货物的申报期限为货物运抵海关监管区后、装货前 24 小时

C. 经海关批准准予集中申报的进口货物，自装载货物的运输工具申报进境之日起一个月内办理申报手续

D. 经电缆、管道或其他特殊方式进出境的货物，进出口货物收发货人或其代理人应当按照海关的规定定期申报

3. 进口货物收发货人申报并经海关依法审批，必须撤销原电子数据报关单重新申报的，如产生滞报，经进口货物收发货人申请并经海关审核同意，以（　　）为滞报金起征日。

A. 运输工具申报进境之日

B. 运输工具申报进境之日起第 15 日

C. 撤销原报关单之日

D. 撤销原报关单之日起第 15 日

4. 运载进出口货物的运输工具 5 月 9 日申报进境，收货人 5 月 15 日向海关传送报关单电子数据，海关当天受理申报并发出现场交单回执，收货人于 5 月 27 日提交纸质报关单时，发现海关已于 5 月 26 日撤销电子数据报关单，遂于 5 月 30 日重新向海关申报，海关当天受理申报并发出现场交单回执，收货人 5 月 31 日提交纸质单位，如以上日期均不涉及法定节假日，滞报天数应为（　　）。

A. 0 天　　B. 6 天　　C. 7 天　　D. 8 天

5. 海关接受进出口货物申报后，电子数据和纸质的进出口货物报关单不得修改或者撤销；确有正当理由的，经海关审核批准，可以修改或撤销，下列情形属于正当理由的是：（　　）。

A. 因报关人员书写失误造成所申报的报关单内容有误，并且未发现有走私违规及其他违法嫌疑的

B. 出口货物放行后，由于配载原因造成原申报货物退关的

C. 进出口货物在运输过程中因不可抗力造成损毁，导致原申报数据与实际货物不符的

D. 根据贸易惯例先行采用暂时价格成交，实际结算时按商检品质认定或国际市场实际价格付款方式需要修改申报内容的

6. 以下关于海关查验的表达正确的是：（　　）。

A. 进出口货物收发货人对海关查验结论有异议，可以向海关提出复验要求

B. 已经参加过查验的查验人员应当参加对同一票货物的复验

C. 经海关通知查验，进出口货物收发货人或者代理人届时未到场的，海关可以径行开验

D. 进出口货物的收发货人或其代理人在海关查验时，对货物是否受损坏未提出异议，事后发现货物有损坏的，海关不负赔偿的责任。

7. 下列贸易形式中，属于加工贸易的是（　　）。

A. 来料加工　　B. 来料养殖　　C. 进料加工　　D. 出料加工

8. 进出境货物的报关程序可分为哪几个阶段？（　　）。

A. 前期阶段　　B. 进出口阶段　　C. 后续阶段　　D. 备案阶段

9. 在进出口阶段中，进出口货物收发货人或其代理人需要完成以下（　　）环节的工作。

A. 进出口申报　　B. 配合查验　　C. 缴纳税费　　D. 提取或装运货物

10. 下列不属于海关监管货物的是（　　）。

A. 一般进出口货物　　B. 保税加工货物

C. 保税物流货物　　D. 已经办完所有海关手续的进口货物

11. 一般进出口货物包括哪些特征？（　　）。

A. 进出境时缴纳进出口税费

B. 进出口时提交相关的许可证件

C. 海关放行即办结海关手续

D. 前期阶段办理一般进出口货物备案手续

12. 下列哪些货物属于一般进出口货物？（　　）。

A. 一般贸易出口货物　　B. 易货贸易进出口货物

C. 外商免费提供的试车材料等　　D. 随展览品进境的小卖品

13. 下列关于滞报金的表述，正确的是：（　　）。

A. 进口货物收发货人超过规定期限向海关申报的，滞报金的征收以自运输工具申报进境之日起第15日为起始日，以海关接受申报之日为截止日

B. 进口货物滞报金按日计征，起始日和截止日均计入滞报期间

C. 滞报金的起征点为人民币50元

D. 滞报金的计征起始日如遇法定节假日或休息日，则顺延至其后第一个工作日。

14. 下列哪些是申报的基本单证？（　　）。

A. 进口提货单　　B. 出口装货单　　C. 商业发票　　D. 装箱单

15. 请从下列报关单证中指出国家有关法律法规规定实行进出境管理的特殊单证（　　）。

A. 进出口合同　　B. 进出口许可证

C. 海关签发的减免税证明　　D. 货物的原产地证书

16. 报关单是由报关人员按照海关规定格式填报的申报单，包括进出口货物报关单或有进出口报关单性质的单证，下列属于报关单的是（　　）。

A. 进出境货物备案清单　　B. ATA单证册

C. 过境货物报关单　　D. 进出境展览清单

17. 查验结束后，进出口货物收发货人或其代理人要认真阅读查验人员填写的“查验记录单”，注意以下哪些记录属实？（　　）。

A. 开箱的具体情况
B. 货物残损情况及造成残损的原因
C. 提取货样的情况
D. 查验结论

18. 现在海关不再签发哪种报关单证明联，而是外管局直接用电子联网数据核销？（　　）。

A. 进口付汇证明联
B. 出口退税证明联
C. 进口货物证明书
D. 出口收汇证明联

19. 一般进口货物进境前办理相应的海关手续为（　　）。

A. 进口货物备案登记
B. 进口货物检疫证明
C. 进口货物证明书
D. 无

20. 一般出口货物出境时应办理相应的海关手续为（　　）。

A. 出口申报　B. 配合查验　C. 交纳税费　D. 装运货物

21. 一般进出口货物进出境海关放行结关后，企业关务人员还应向海关办理（　　）手续。

A. 核销　B. 解除监管　C. 销案　D. 无

22. 海关审结电子数据报关单后，进出口货物收发货人或其代理人应当自接到海关“现场交单”或“放行交单”信息之日起（　　）日内提交纸质单据。

A. 5　B. 10　C. 15　D. 30

23. 关于复验的表述，正确的是（　　）。

A. 货物涉嫌走私违规，需要重新查验的
B. 进出口货物收发货人对海关查验结论有异议，提出复验要求并经海关同意的
C. 经初次查验未能查明货物的真实属性，需要对已查验货物的某些性状作进一步确认的
D. 已经参加过查验的海关查验人员不得参加对同一票货物的复验

24. 以下哪些情况不属于海关查验时海关赔偿的范围？（　　）。

A. 海关正常查验时产生的不可避免的磨损
B. 在海关查验前已经发生的损坏
C. 不可抗力原因造成的损失
D. 报关人员在搬移货物时造成的损失

25. 货物进出境阶段，进出口货物收发货人或其代理人应当按照哪些步骤完成报关工作？（　　）。

A. 进出口的申报——配合查验——缴纳税费——提取或装运货物
B. 提取或装运货物——进出口的申报——配合查验——缴纳税费
C. 进出口的申报——配合查验——提取或装运货物——缴纳税费
D. 提取或装运货物——配合查验——进出口的申报——缴纳税费

26. 根据货物进出境的不同目的，可将进出境货物分为（　　）。

A. 一般进出口货物
B. 保税货物
C. 特定减免税货物
D. 暂准进出境货物
E. 其他进出境货物

27. 下列哪些货物属于一般进出口货物？（ ）。

A. 转为实际进口的保税进口货物

B. 转为实际进口或出口的暂准进出境货物

C. 享受特定减免税优惠的进口货物

D. 随展览品进境的小卖品

28. 下列免费提供的货物中，属于一般进出口货物的是（ ）。

A. 外国政府、国际组织无偿赠送的物资

B. 外商在经济贸易活动中赠送的进口货物

C. 外商在经济贸易活动中免费提供的试车材料等

D. 我国在境外的企业、机构向国内单位赠送的进口货物

29. 甘肃兰州中台有限公司以一般贸易方式出口货物，在海关放行后，该公司应凭下列哪种单据到海关监管仓库，办理将货物装上运输工具离境的手续？（ ）。

A. 由海关签发的“出口货物证明书”

B. 由海关和检验检疫部门加盖了“放行章”的出口装货凭证

C. 由海关签发的“税款缴纳证”

D. 由海关签发的报关单出口退税证明联

30. 陕西大唐进出口外贸公司以一般贸易方式从境外订购一批进口货物，经过如实申报、接受查验、缴纳进口税费后由海关放行，该公司应凭下列哪种单据到海关监管仓库提取货物？（ ）。

A. 由海关签发的“进（出）口货物证明书”

B. 由海关加盖了“放行章”的货运单据

C. 由海关签发的“税款缴纳证”

D. 由海关签发的进口付汇核销专用报关单

31. 下列关于货物出口申报符合海关规定的是：（ ）。

A. 应同时以电子数据报关单和纸质报关单向海关申报，然后由海关进行电子审单

B. 应先向海关提交纸质报关单，由海关预审，再以电子数据报关单向海关正式申报

C. 应以电子数据报关单向海关申报，海关审结后，再向海关提交纸质报关单并随附其他单证

D. 由发货人或其代理人选择使用电子数据报关单或纸质报关单向海关申报

32. 报关单是由报关人员按照海关规定格式填报的申报单，包括进出口货物报关单或者有进出口报关单性质的单证，下列属于报关单的是：（ ）。

A. 进出境货物备案清单　　　　B. ATA 单证册

C. 过境货物报关单　　　　D. KJ1、KJ2、KJ3 快件报关单

二、判断题（对的打“√”、错的打“×”）

1. 一般进出口货物也称为一般贸易货物，是指在进出境环节缴纳了应征的进出口税费并办结了所有必要的海关手续，海关放行后不再进行监管，可以直接进入生产和流通领域的进出口货物。（ ）

2. 涉及动植物及其产品以及其他需依法提供检疫证明的货物，如需在申报前提取货样，应当按照国家的有关法律规定，向主管海关书面申请，并提供事先由检验检疫部门签发的书面批准证明。（　　）

3. 在一般情况下，进出口货物收发货人或其代理人应当先以电子数据报关单形式向海关申报，海关接受并审结电子数据报关单后，进出口货物收货人或其代理人应当自接到海关“现场交单”或者“放行交单”通知之日起10日内，持打印的纸质报关单，备齐规定的随附单证并签名盖章，到货物所在地海关提交单证并办理相关海关手续。（　　）

4. 某企业向当地海关申报进口一批烤面包机，货物已运抵海关监管区内的仓库，海关关员在没有通知该公司的情况下，由仓库人员陪同对这批货物进行了查验，发现该批货物是高档音响器材。该企业以海关查验时报关人员不在场为由，拒绝承认查验结果。因此，当地海关不得以此对其进行处罚。（　　）

5. 提取货物是凭海关加盖“放行章”的进口提货凭证或放行通知书提取进口货物的工作环节。（　　）

6. 申报进出口的货物经海关决定查验时，进出口货物的收发货人必须到达查验现场，配合海关查验货物。（　　）

7. 进出境运输工具的负责人向海关发送运载货物的舱单信息是进出境货物的报关程序。（　）

8. 电子数据报关单与纸质报关单的法律效率不同。（　　）

9. 出口货物的申报期限为货物运抵海关监管区后，装货的24小时以前。（　　）

10. 滞报金以人民币“元”为计征单位，不足1元的部分四舍五入。（　　）

11. 实行“无纸通关”申报方式的，海关作出现场放行决定时，通过计算机将准予放行的信息发送给进出口货物收发货人或其代理人以及海关监管货物的保管人。（　　）

12. 对进口汽车、摩托车，进口货物的收货人或其代理人应当向海关申请签发“进口货物证明书”，进口货物收货人凭以向国家交通管理部门办理汽车、摩托车的牌照申领手续。（　）

13. 一般进出口货物与一般贸易货物是同一概念。（　　）

14. 一般进出口货物，当海关放行后就意味着已办结全部海关手续，海关不再对其进行监管，货物可以直接进入生产和消费领域流通了。（　　）

15. 实际进出口的货物，除特定减免税货物外，都属于一般进出口货物的范围。（　　）

16. 一般进出口货物报关程序没有前期阶段和后续阶段，只有进出口阶段，由4个环节构成，即进出口申报、配合查验、缴纳税费、提取或装运货物。（　　）

17. 进口货物的收货人在向海关申报前，为了确定货物的品名、规格、型号等，可以向海关提交查看货物或者提取货样的书面申请。海关审核同意的，关务员可到监管场所实地查看。（　　）

18. 海关查验应当在海关监管区内实施。（　　）

19. 海关查验分为彻底查验和抽查。（　　）

20. 进出口货物有违法嫌疑的，海关可以径行开验。（　　）

21. 查验货物时有损坏的，海关赔偿的范围仅限于在实施查验过程中，由于海关查验

人员的责任造成被查货物损坏的间接经济损失。（　　）

22. 所有的货物进出口报关都要经过前期的备案阶段。（　　）

23. 海关现场放行即表示货物已结关。（　　）

24. 报关单位收到海关发送的“接受申报”的报文和“现场交单”或“放行交单”通知，表示电子申报成功。（　　）

25. 对于一般进出口货物来说，海关放行意味着全部海关手续已办结。（　　）

26. 在一般情况下，进出口货物收发货人或其代理人应当先将纸制的报关单向海关申报，然后再以电子数据报关单形式向海关申报。（　　）

27. 秦皇岛渤海报关行向当地海关申报进口一批焊锡机，货物运抵海关监管仓库后，根据举报，秦皇岛海关关员在没有通知该公司的情况下，由仓库人员陪同对这批货物进行了查验，发现该批货物实际是坤包等高档奢侈品。该企业以海关查验时报关人员不在场为由，拒绝承认查验结果。因此，海关不得以此对其进行处罚。（　　）

28. 采用电子报关单申报时，海关接受申报的时间以海关接受电子数据报关单申报的时间为准。（　　）

29. 保税集团指由一个或两个有进出口经营权的企业牵头，向海关申请全额保税的企业联合体。（　　）

30. 电子账册的核销一般分为企业预报核、企业正式报核、海关核销三个过程。（　　）

三、案例实训

1. 沈阳比托姆化学有限公司拟进口稀释剂（含量：甲苯 50%，醋酸乙脂 20%，醋酸丁脂 10%，其他 20%）。根据商务部相关公告对含易制毒化学品的混合物的进出口管理作出的具体规定：含甲苯、丙酮、丁酮、硫酸 4 种易制毒化学品之一且比例高于 40%（不含）的货物以及含盐酸比例高于 10%（不含）的货物，纳入易制毒化学品进出口管理规定。

作为关务员，为保证货物顺利清关，请设计通关流程。

答：

2. 山东威海大地自行车有限公司拟出口 500 辆儿童自行车（出境前需检验商品）到瑞士。作为关务员，为保证货物顺利清关，请设计通关流程。

答：

第二节　保税加工货物的报关程序实训

知识要点

1. 主要介绍保税加工概念、保税加工的种类、保税加工的经营企业、保税加工的监管模式、纸质加工贸易手册管理报关程序等内容；

2. 保税加工货物是指经海关核准未办理纳税手续进境，在境内加工装配后复运出境的货物，加工贸易有两种贸易方式，即来料加工和进料加工。

职业技能

1. 保税加工的办理流程；
2. 掌握国家对保税加工的税收和许可管理；
3. 总结领会保税加工在办理流程、税收管理和许可管理方面与一般进出口的异同；
4. 能运用所学知识解决企业实际关务综合实务问题。

一、不定项选择题（一个或多个正确答案）

1. 保税制度的基本特点是：（　　）。

A. 进口料件是为了在国内加工、装配成成品后复出口的

B. 进口货物在进境时海关放行后视同结关

C. 在满足特定条件的情况下，保税货物可以暂免缴纳进口环节各项税款

D. 保税货物可以暂免办理自动进口许可证件。

2. 海关对保税加工货物的基本监管模式主要为哪两大类？（　　）。

A. 物理围网监管　　B. 非物理围网监管

C. 纸质手册管理　　D. 计算机联网监管

3. 下列哪一选项不属于海关非物理围网监管模式的监管？（　　）。

A. 区外做来料加工和进料加工的企业　　B. 保税工厂

C. 保税集团　　C. 出口加工区

4. 加工贸易采用计算机联网监管的基本模式是（　　）。

A. 电子账册管理　　B. 电子化手册管理

C. 纸制手册管理　　D. ERP 账册管理

5. 保税加工货物海关监管的流程是（　　）。

A. 商务部门审批　　B. 备案保税

C. 纳税暂缓　　D. 核销结关

6. 银行根据海关签发的哪种文书，准予加工贸易企业设立“银行保证金台账”？（　　）。

A. 银行保证金台账通知书　　B. 银行保证金台账开设联系单

C. 银行保证金台账核销联系单　　　　　D. 银行保证金台账变更联系单

7. 海关对实行计算机联网管理签发电子账册的企业，实行定期或者周期性报核制度。下列选项表述正确的是：(　　)。

A. 报核周期是180天（6个月）

B. 一年

C. 首次报核期限，从电子账册建立之日起180天（6个月）后的30天内

D. 首次报核以后，报销期限为从上次报核之日起180天（6个月）后的30天内

8. 保税加工货物内销，海关按规定免征缓税利息的是（　　）。

A. 副产品　　　　　B. 残次品

C. 边角料　　　　　D. 不可抗力受灾保税货物

9. 湖北襄阳某加工贸易企业A进口料件生产半成品后转给南京某加工贸易企业B继续深加工，最终产品由B企业出口。A、B企业都需要向海关提交加工贸易保税深加工结转申请表，办理结转备案，A、B企业都是纸质手册管理。下列表述正确的是（　　）。

A. 先由A企业向转出地海关申请备案，后由B企业向转入地海关备案

B. 先由A企业向转入地海关申请备案，后由B企业向转入地海关申请备案

C. 先由B企业向转入地海关申请备案，后由A企业向转出地海关申请备案

D. 先由B企业向转出地海关申请备案，后由A企业向转入地海关申请备案

10. 云南红塔电子有限公司A，将进口料件生产的半成品转给陕西咸阳某加工贸易企业B继续深加工，最终产品由B企业出口，A、B企业都是纸质手册管理。其结转报关手续正确的是（　　）。

A. 先由A企业报进口，后由B企业报出口

B. 先由A企业报出口，后由B企业报进口

C. 先由B企业报进口，后由A企业报出口

D. 先由B企业报出口，后由A企业报进口

11. 苏州某服装加工厂与外商签订了一份加工服装出口合同，该厂关务人员到海关办理该批合同的备案手续时，应向海关提交下列哪些单证资料？（　　）。

A. 加工贸易业务批准证

B. 加工贸易合同

C. 加工贸易登记手册

D. 加工贸易企业经营状况和生产能力证明

12. 下列关于加工贸易深加工结转程序的表述，正确的是：（　　）。

A. 先进行加工贸易深加工结转的计划申报，再办理发货登记，最后办理报关手续

B. 先进行加工贸易深加工结转的计划申报，再办理报关手续，最后再收发货

C. 先由转出企业向其所在地海关进行结转计划申报，再由转入企业向其所在地海关备案申报

D. 先由转出企业向其企业所在地海关办理结转出口报关手续，再由转入企业向其所在地海关办理结转进口报关手续

13. 开展异地加工贸易业务，经营企业须向所在地主管海关提出申请，填制《异地加

工贸易申请表》，并提供（ ）。

A. 经营企业所在地商务主管部门出具的《加工贸易业务批准证》和《加工贸易加工企业生产能力证明》

B. 加工企业所在地商务主管部门出具的《加工贸易业务批准证》和《加工贸易加工企业生产能力证明》

C. 加工企业所在地商务主管部门出具的《加工贸易业务批准证》和经营企业所在地商务主管部门出具的《加工贸易加工企业生产能力证明》

D. 经营企业所在地商务主管部门出具的《加工贸易业务批准证》和加工企业所在地商务主管部门出具的《加工贸易加工生产能力证明》

14. 浙江宁波某加工贸易经营企业（B类管理企业）进口价值13 000美元的限制类原料，委托浙江绍兴某加工企业（A类管理企业）加工袜子后返销出口。该异地加工贸易的银行保证金台账应当（ ）。

A. 由经营企业到所在地银行设台账，半实转

B. 由加工企业到所在地银行设台账，空转

C. 由经营企业到加工企业所在地银行设台账，半实转

D. 由加工企业到经营企业所在地银行设台账，空转

15. 四川南充某公司生产A型号的显示器外壳，每个显示器外壳中所含的ABS塑料粒子的重量为1千克，在生产过程中的工艺损耗率为20%。该公司向海关申报A型号显示器的ABS塑料粒子单耗时，其单耗值应报为（ ）。

A. 0.80千克/个　B. 1.00千克/个　C. 1.20千克/个　D. 1.25千克/个

16. 申请开展外发加工业务，应提交的单证有（ ）。

A. 经营企业签章的“加工贸易货物外发加工申请表”

B. 经营企业和承揽企业签订的加工合同或协议

C. 承揽企业的营业执照复印件

D. 经营企业签章的“承揽企业生产能力证明”

17. 对于遗失加工贸易登记手册的合同，加工贸易企业应持下列哪些单证向海关报核？（ ）。

A. 经营企业关于加工贸易手册遗失的书面报告

B. 经营企业申请核销的书面材料

C. 加工贸易进出口报关单

D. 海关缉私部门出具的《行政处罚决定书》

18. 国家对进料加工成品出口，许可证管理上的要求有：（ ）。

A. 进料加工贸易合同项下的制成品出口均免领取许可证

B. 属于国家许可证管理商品的应申领交验出口许可证

C. 属于国家实行被动配额管理的纺织品，应申领并交验纺织品出口许可证

D. 加工后的金或银制品出口时应交验金银制品出口许可证

19. 企业如果未经海关许可并且补交应缴税款，擅自将批准进口的来料加工、来件装配的零件、制成品等保税货物在境内销售的，海关将对其处以（ ）。

A. 偷逃应缴税款在 50 万元以上的，处 10 年以上有期徒刑或者无期徒刑，并处偷逃应缴税款一倍以上五倍以下罚款或者没收财产

B. 偷逃应缴纳税款在 15 万元以上不满 50 万元，处 3 年以上 10 年以下有期徒刑，并处偷逃应缴税款一倍以上五倍以下罚款

C. 偷逃应缴税款在 5 万元以上不满 15 万元的，处 3 年以下有期徒刑或者拘留，并处偷逃应缴税款一倍以上五倍以下罚金或者五倍以下罚款

D. 没收货物，并处货价一倍以上三倍以下的罚款

20. 深圳某加工贸易企业 A 进口料件生产半成品后转给贵阳某加工贸易企业 B 继续深加工，最终产品由 B 企业出口（A、B 企业都采用纸质书册管理），在结转报关环节，下列说法正确的是：（　　）。

A. B 企业凭有关单证向贵阳海关办理结转进口报关手续，并在结转进口报关后的第二个工作日内将报关情况通知 A 企业

B. A 企业自接到 B 企业通知之日起 10 日内，凭有关单证向上海海关办理结转出口报关手续

C. 结转进口、出口报关的申报价格为结转货物的实际成交价格

D.一份结转进口报关单对应一份结转出口报关单，两份报关单之间对应的申报序号、商品编号、数量、价格和手册号应当一致

21. 对于履行加工贸易合同中产生的剩余料件、边角料、残次品、副产品等，企业必须在规定的期限内处理完毕，处理的方式有：（　　）。

A. 销毁　　B. 结转　　C. 退运　　D. 放弃

22. 下列是关于加工贸易企业银行保证金台账的表述，正确的是：（　　）。

A. 适用 B 类管理的企业经营允许类的商品，银行保证金台账“空转”，经营限制类的商品按照料件应缴税款的 50%付给银行保证金

B. 适用 C 类管理的企业，经营加工贸易允许类和限制类商品，实行保证金台账“实转”

C. 适用 AA、A、B 类管理的企业，在出口合同中，由外商提供的 78 种列明辅料金额不超过 10 000 美元的，不设银行保证金台账

D. 适用 C 类企业在出口合同中，由外商免费提供的 78 种列明辅料金额超过 5 000 美元的，不设银行保证金台账

23. 加工贸易经营单位委托异地生产企业加工产品出口，应当向哪一海关办理合同备案手续？（　　）。

A. 加工企业所在地主管海关　　B. 经营单位所在地主管海关

C. 海关总署　　D. 进口料件进境地海关

24. 保税加工货物前期阶段，主要包括什么内容？（　　）。

A. 办理加工贸易备案手册设立手续

B. 核销加工贸易手册或电子手册或电子账册

C. 领取报关单证及其凭证

D. 办理加工贸易注册登记许可

25. 商务主管部门审批加工贸易合同，经审核无误后，向企业核发哪些单证？（　　）。

A. 加工贸易业务批准证书

B. 加工贸易企业经营状况和生产能力证明

C. 加工贸易手册

D. 加工贸易内销征税联系单

26. 关于缓税利息的表述，正确的是：（　　）。

A. 保税加工货物经批准内销时，在征收进口关税和进口环节，海关代征税时要征收缓税利息

B. 边角料不征收缓税利息

C. 缓税利息根据填发海关税款缴款书时海关总署参照中国人民银行公布的活期贷款利率决定并公布的最新的缓税利息率按日征收

D. 应征缓税利息=应征税款×计息期限×缓税利息率/360

27. 下列哪些商品属于加工贸易限制类进口商品？（　　）。

A. 冻鸡　　B. 化学短纤　　C. 天然橡胶　　D. 电子游戏机

28. 关于加工贸易企业分类管理的表述，正确的是：（　　）。

A. 适用 D 类管理的企业不得开展加工贸易

B. 东部地区适用 B 类管理的企业开展加工贸易，进口限制类、允许类商品都要设台账，按全部进口料件应征税款金额全额征收保证金

C. 适用 AA 类管理的企业，不管在什么地区开展加工贸易，进口允许类商品不设台账，进口限制类商品设台账，但实行保证金台账空转

D. 适用 AA 类、A 类、B 类管理的企业，不管在什么地区，进口料件金额在 1 万元人民币及以下的，可以不设台账，因此也不缴纳保证金。

29. 纸质手册和电子化手册管理的保税加工期限，原则上不超过（　　）年，经批准可以延长，延长的最长期限原则上是（　　）年。

A. 1、1　　B. 1、2　　C. 2、2　　D. 2、1

30. 电子账册管理的保税加工报核，首次报核是从海关批准电子账册建立之日起算，满（　　）天后的（　　）天内报核。

A. 90、30　　B. 180、30　　C. 90、60　　D. 180、60

31. 加工贸易合同在海关办理手册设立手续时，应提交哪些材料？（　　）。

A. 加工贸易业务批准证和加工贸易企业经营状况和生产能力证明

B. 加工贸易合同或合同副本

C. 为确定单耗和损耗率所需的有关材料

D. 加工贸易合同备案申报表及企业加工贸易合同备案呈报表

32. 下列哪些加工贸易商品在备案时需要提交相关的许可证件或批准文件？（　　）。

A. 消耗臭氧层物质、易制毒化学品、监控化学品

B. 音像制品、印刷品、地图产品及附有地图的产品

C. 进口工业再生废料

D. 原油、成品油

33. 关于合同备案的凭证，表述正确的是：（　　）。

A. 按规定可以不设台账的合同，在准予备案后，由企业直接向受理合同备案的主管海关领取海关签章的加工贸易手册

B. 按规定在银行开设台账的合同，由企业凭银行签发的“银行保证金台账登记通知单”，到合同备案主管海关领取海关签章的加工贸易手册

C. 经海关批准，企业在领取加工贸易手册的基础上，可以根据不同情况，申请领取加工贸易手册分册

D. 对为生产出口产品而进口属于国家规定的78种列名的服装辅料，且金额不超过5 000美元的合同，除C类企业外，免于领手册，直接凭出口合同备案准予保税后，凭海关在备案出口合同上的签章和编号直接进入进出口报关阶段

34. 关于合同备案变更，表述正确的是：（　　）。

A. 已经在海关登记备案的加工贸易合同，其品名、规定、金额、数量、加工期限、单耗、商品编码等发生变化的，须向主管海关办理合同备案变更手续，开设台账的合同还须变更台账

B. 合同变更可以在合同的有效期到期后一个月内报原商务审批部门批准

C. 为了简化合同变更手续，对贸易性质不变、商品品种不变、合同变更的金额小于1万元人民币（含1万元人民币）和合同延长不超过3个月的合同，企业可直接到海关和银行办理变更手续，不需要再经过商务主管部门重新审批

D. 管理类别调整为D类的企业，经海关批准，可对原合同未履行出口部分收取台账保证金后继续执行，但合同不得再变更和延期。

35. 关于加工贸易单耗，表述正确的是（　　）。

A. 单耗，是指加工贸易企业在正常加工条件下加工单位成品所耗用的料件量

B. 净耗，是指在加工后，料件通过物理变化或者化学反应存在或者转化到单位成品中的量

C. 工艺损耗，是指因加工工艺原因，料件在正常加工过程中除净耗外所必须耗用，但不能存在或者转化到成品中的量，包括有形损耗

D. 申报单耗时，应包括料件和成品的商品名称、商品编码、计量单位、规格型号和品质

36. 关于纸质手册管理深加工结转货物报关的表述，正确的是：（　　）。

A. 程序分为计划备案、收发货登记、结转报关3个环节

B. 转入企业自转出地海关备案之日起100日内，办理转入备案手续

C. 转入企业自接到转出企业通知之日起15日内，凭申请表、登记表等单证向转入地海关办结转进口报关手续

D. 结转货物分批报关的，企业应当同时提供申请表和登记表的原件及复印件

37. 其他保税加工货物的处理方式中，不需要填制报关单的是（　　）。

A. 内销　　B. 结转　　C. 退运　　D. 销毁

38. 关于内销的表述，正确的是（　　）。

A. 保税加工货物转内销应当经过商务主管部门审批，凭“加工贸易保税进口料件内

销批准证”办理内销料件正式进口报关手续

B. 特殊监管区域外所有保税加工货物内销都要缴纳进口税和缓税利息

C. 内销的保税加工货物属于进口许可证件管理的，企业还应按规定向海关补交进口许可证件

D. 如果金额占该加工贸易合同项下实际进口料件总额 3%及以下且总值在人民币 1 万元及以下的，免予审批，免交验许可证件

39. 下列关于内销征税，表述正确的是：（ ）。

A. 剩余料件和边角料内销，直接按申报数量计征进口税

B. 内销加工过程中产生的副产品和边角料，以海关审定的内销价格作为完税价格

C. 副产品内销，按申报时实际状态的数量计征进口税

D. 制成品和残次品根据单耗关系折算耗用掉的保税进口料件数量计征进口税

40. 关于受灾保税加工货物的处理，表述正确的是：（ ）。

A. 对于受灾的保税加工货物，加工贸易企业须在灾后 7 个工作日内向主管海关书面报告

B. 因不可抗力造成的受灾保税加工货物灭失，或者已经完全失去使用价值无法再利用的，可由海关审定，并予以保税

C. 对非不可抗力因素造成的受灾保税加工货物，海关按照原进口货物成交价格审定完税价格照章征税。

D. 因不可抗力造成的受灾保税货物如属进口许可证件管理的，免验许可证件。

41. 企业报核时，应提交哪些材料：（ ）。

A. 企业合同核销申请表　　B. 加工贸易手册

C. 进出口货物报关单　　D. 核销核算表

42. 保税加工贸易电子账册包括（ ）。

A. 经营范围电子账册　　B. 商品归并电子账册

C. 便捷通关电子账册　　D. 企业性质电子账册

43. 关于电子账册的进出口货物报关，表述正确的是：（ ）。

A. 使用 E 账册办理报关手续，企业应先根据实际进出口情况，从企业系统导出料号级数据生成归并前的报关清单，通过网络发送到电子口岸

B. 电子口岸将企业报送的报关清单根据归并原则进行归并，并分拆成报关单后发送回企业，由企业填报完整的报关单内容后，通过网络向海关正式申报

C. 不涉及报关清单的报关单内容可直接进行修改，涉及报关清单的报关单内容修改必须先修改报关清单，再重新进行归并。

D. 报关单申报后，一律不得修改，只能删除。

44. 电子化手册具有哪些特点？（ ）。

A. 以合同（订单）为单元进行管理

B. 企业向商务主管部门和海关申请办理合同审批和合同备案、变更等手续

C. 纳入加工贸易银行保证金台账制度

D. 不需调度手册，凭身份认证卡实现全国口岸的报关

二、判断题（对的打“√”、错的打“×”）

1. 保税加工货物是指进口货物经海关批准暂未办理纳税手续进境，在境内加工、装配后复运出境的货物。（　）

2. 江西九江某光学眼镜厂与法国 CHANL 公司签约为其加工生产太阳镜 100 000 副，法国 CHANL 公司提供生产太阳镜所需料件，九江光学眼镜厂负责加工成成品，并收取加工费。应向海关申请设立进料加工手册。（　）

3. 加工贸易联网监管是指加工贸易企业通过数据交换平台或其他计算机网络方式向海关报送能满足海关监管要求的物流、生产经营等数据，海关对数据进行核对、核算，并结合实物进行核查的一种监管方式。（　）

4. 电子账册是海关以加工贸易合同为单元，为联网企业建立的电子底账。（　）

5. 加工贸易企业电子账册是以企业为单元进行管理的，不实行“银行保证金台账”制度；加工贸易电子手册是以合同为单元进行管理的，加工贸易电子手册与纸质加工贸易手册一样，实行“银行保证金台账”制度。（　）

6. 实行电子账册管理的企业必须设立“银行保证金台账”。（　）

7. 保税加工进口料件在进口报关时，暂缓纳税，加工成品出口报关时再征税。（　）

8. 凡是海关准予备案的加工贸易料件一律可以暂不办理纳税手续，实行保税进口。（　）

9. 任何货物均可进口开展保税加工贸易。（　）

10. 保税加工进口货物在口岸海关查验放行后，海关不再对其监管。（　）

11. 开展异地加工贸易应在加工企业所在地开设台账，由加工贸易经营企业向加工企业所在地主管海关办理合同备案手续。（　）

12. 外发加工的成品、剩余料件及生产过程中产生的边角料、残次品、副产品等加工贸易货物，原则上必须运回本企业。（　）

13. 因加工出口产品急需，经海关批准，经营企业 A 和经营企业 B 间的保税料件之间、保税料件与非保税料件之间，同品种、同规格、同数量的可以进行串换。（　）

14. 电子账册管理是以“企业整体加工贸易业务”为单元实施对保税加工货物的监管，一般可设立多个电子账册。（　）

15. 联网企业的加工贸易业务由商务主管部门审批。符合条件的，商务主管部门签发“联网监管企业加工贸易业务批准证”。（　）

16. 对电子账册实行滚动核销方式的，180 天为一个报核周期，180 天后的 30 天内报核，特殊情况可以延期，但延长期限不得超过 60 天。（　）

17. 河南郑州某工艺服装厂承接 20 万套太极功夫服来料加工合同，加工一年，成品全部返销日本，合同规定外商无偿提供一套价值 2.5 万美元的专用设备。该合同执行期满加工成品全部返销出口，该厂在海关办理了该合同核销手续，该设备也随之解除海关监督。（　）

18. 对于经过批准以加工贸易方式保税进口的原材料转为内销时，在向海关办理纳税手续时，其税率适用向海关申报转为内销之日的税则税率。（　）

19. 进料加工是指外商免费提供料件，经营企业按照境外企业的要求进行加工。( )

20. 加工贸易业务须经海关备案后才能进入商务审批程序。( )

21. 列入加工贸易禁止类进口商品目录的，凡用于深加工结转转入，或从具有保税加工功能的海关特殊监管区域内企业经实质性加工后进入区外的商品，不按加工贸易禁止类进口商品管理。( )

22. 联网监管模式中纳入电子化手册管理的料件保税期限，从企业的电子化手册记录第一批料件进口之日起到该电子化手册被撤销止。( )

23. 国家规定开展加工贸易业务应当由经营企业在其所在地主管海关办理加工贸易合同备案手续。( )

24. 加工贸易合同备案，需要办理开设台账手续的，应向海关办理台账保证金专用账户设立手续。已设立台账保证金专用账户的企业，凭“海关注册登记证明”向银行进行一次性备案登记。( )

25. 为了简化手续，进口料件金额在 1 万美元及以下的，加工贸易企业按规定不设台账或台账保证金空转，但需向银行交付保证金。( )

26. 外发加工，是指经营企业因受自身生产特点和条件限制，经海关批准并办理有关手续，委托同关区内承揽企业对加工贸易货物进行加工，在规定期限内将加工后的产品运回本企业并最终复出口的行为。( )

27. 加工贸易深加工结转是指加工贸易企业将保税进口料件加工的产品转至另一加工贸易企业进一步加工后复出口的经营活动。( )

28. 加工贸易企业可以向海关申请将边角余料结转至另一个加工贸易合同项下生产出口，但应当在同一经营单位、同一加工厂、同样的进口料件和同一加工贸易方式的情况下结转。( )

29. 商品归并关系，是指海关与联网企业根据监管的需要按照中文品名、HS 编码、价格、贸易管制等条件，将联网企业内部管理的“料号级”商品与电子账册备案的“项号级”商品归并或拆分，建立“一对多”或“多对一”的对应关系。( )

30. 所有加工贸易经营企业应当在规定的期限内将进口料件加工复出口，并自加工贸易手册项下最后一批成品出口之日起或者加工贸易手册到期之日 30 个工作日内向海关核销。( )

三、案例实务

1. 广西南宁三通进出口公司（加工贸易 B 类企业）于 2015 年 2 月与法国 A 公司签订来料加工女式内衣加工业务，合同规定法国 A 公司免费提供价值 100 000 美元的莫代尔面料，南宁三通进出口公司根据外商要求加工 50 000 件女式内衣（该料件属加工贸易限制类商品），南宁三通进出口公司收取工缴费 50 000 元人民币。合同签订后，该公司到海关办理了备案手续（汇率：1 美元＝6.2 元人民币，女式内衣关税率 10%，莫代尔面料关税率 5%）。请根据上述案例，分析以下问题：

（1）该批服装的莫代尔面料进口时，海关准予保税的额度是多少？
答：

（2）在加工贸易合同备案时，该合同适用何种银行保证金台账管理制度？
答：

（3）对于该企业在生产中的剩余料件和制成品，怎么转内销？
答：

（4）该批合同执行完毕后，如何向海关申请核销结关？
答：

（5）该企业应何时向主管海关申请核销并要求结案？
答：

2. 福建厦门申华进出口公司（加工贸易 A 类管理企业）从境外购进价值 100 000 美元的涤纶长丝一批，委托山东潍坊嘉顺针织制品公司（加工贸易 B 类管理企业）加工生产出口袜子。该加工合同履行期间，因境外发货有误，部分原料未能及时到货。为确保履行成品出口合同，申华公司报经主管海关核准，使用本企业其他进口非保税料件进行内部串换。合同执行完毕，尚有剩余料件，拟结转加工。

根据上述案例，解答下列问题：

（1）本案例涉及的委托加工在海关管理中称为（　　）。

A. 跨关区外发加工　　B. 跨关区异地加工

C. 跨关区深加工结转　　D. 跨关区联合加工

（2）本案例涉及的加工贸易合同备案手续应由（　　）。

A. 申华公司到嘉顺公司所在地主管海关申请办理

B. 申华公司在所在地主管海关申请办理

C. 嘉顺公司在所在地主管海关申请办理

D. 嘉顺公司到申华公司所在地主管海关申请办理

（3）该加工贸易合同备案时，其银行保证金台账应按下列规定办理：（　　）。

A. 不设台账

B. 设台账，但无须缴付保证金

C. 设台账，并按进口料件应征税款的50%缴付保证金

D. 设台账，并按进口料件应征税款缴付保证金

（4）该加工贸易合同执行期间所发生的料件串换及处置，应符合下列规定：（　　）。

A. 串换的料件必须是同品种、同规格、同数量

B. 串换的料件关税税率为零

C. 串换的料件不涉及进出口许可证件管理

D. 串换下来的同等数量料件由企业自行处置

（5）该加工贸易合同内剩余料件的结转，应符合下列规定：（　　）。

A. 应在同一经营单位、同一加工厂的情况下结转

B. 应在同样的进口料件和同一加工贸易方式的情况下结转

C. 应向海关提供申请结转的书面申请、剩余料件清单等单证和材料

D. 应办理正式进口报关手续，缴纳进口税和缓税利息

3. 苏州某金属制品有限公司A（加工贸易B类管理企业）经批准从日本购进马口铁（进口自动许可证管理范围商品、加工贸易限制类商品）10吨，每吨价值2 500美元，加工产品为罐头盒。罐头盒加工完毕后，由重庆某肉制品有限公司B罐装猪肉出口。A公司在加工过程中，由于工艺改进等原因节省了进口保税料件若干，另生产过程中产生了马口铁废料若干。

根据上述案例，解答下列问题：

（1）下列关于A公司办理加工贸易合同备案的表述正确的是：（　　）。

A. A公司在其所在地主管海关备案

B. 应设立加工贸易银行保证金台账，半实转

C. 备案时应向海关提交自动进口许可证

D. 应向海关提交“加工贸易外发加工申请表”

（2）A 公司进口料件马口铁时，除进口货物报关单外，还应向海关提交哪些单证？（　　）。

A. 加工贸易手册　　　　B. 自动进口许可证

C. 发票　　　　D. 提单

（3）A 公司将加工完成的罐头盒结转至B公司，双方先后应办理的海关手续为：（　　）。

A. 收发货登记——结转报关——计划备案

B. 计划备案——收发货登记——结转报关

C. 计划备案——结转报关——收发货登记

D. 结转报关——收发货登记——计划备案

（4）A 公司的剩余料件拟结转到另一个加工贸易合同生产出口，其要求的条件为：（　　）。

A. 必须是同一经营单位　　　　B. 必须是同一家工厂

C. 必须是同样的进口料件　　D. 必须是同一加工贸易方式

（5）A公司生产加工过程中产生废料，在处理过程中无须填制报关单的情况有：（　　）。

A. 内销处理　　B. 退运处理

C. 放弃交海关处理　　D. 销毁处理

4. 宜昌亚星橡胶制品有限公司与新加坡某公司签订合同，进口天然橡胶，加工出口橡胶围裙，成品由亚星公司组织外售。亚星公司向海关申请设立了加工贸易手册。在加工过程中，由于没有印花设备，公司报经主管海关同意后，将半成品交湖北恩施意康胶印有限公司印花后运回。在合同执行过程中产生了部分残次品，合同执行完毕，亚星公司向主管海关报核。

根据上述案例，解答下列问题：

（1）亚星公司与意康公司之间的行为关系属：（　　）。

A. 外发加工　　B. 进料深加工结转

C. 异地加工贸易　　D. 来料深加工结转

（2）亚星公司将半成品提供给意康公司加工时，应当提供的单证包括：（　　）。

A. 亚星公司签章的加工贸易保税货物深加工结转申请表

B. 亚星公司签章的加工贸易货物外发加工申请表

C. 亚星公司签章的异地加工贸易申请表

D. 亚星公司签章的承揽企业经营状况和生产能力证明

（3）亚星公司在办理天然橡胶的进口报关手续时应该向海关提交（　　）。

A. 发票　　B. 进口许可证

C. 加工贸易手册　　D. 进口报关单

（4）亚星公司应在下列规定期限内向海关报核：（　　）。

A. 加工贸易手册到期之日起15日内

B. 加工贸易手册到期之日起30日内

C. 加工贸易手册项下最后一批成品出口之日起15日内

D. 加工贸易手册项下最后一批成品出口之日起30日内

（5）该公司加工过程中产生的部分橡胶残次品，可以向海关申请进行（　　）处理。

A. 内销　　B. 结转　　C. 退运　　D. 放弃

5. 完成下表

异地加工与外发加工的区别

区别	异地加工	外发加工
工序		
经营主体		
企业类别		
备案地		
保证金		

6. 安徽凤阳大通机械有限公司，经海关审核批准，可开展割草机保税加工业务。2015年1月27日持”C23014789031”手册向海关申报进口割草机零部件500套。截至2016年1月27日，该公司已加工生产出口割草机300套。剩余200套零部件，应怎么处理？请结合海关监管规定替该公司设计最为有效的处理方案。

答：

第三节 特定减免税货物的报关程序实训

实训要求

1. 掌握特定减免税货物的含义、特征、范围及其监管年限；

2. 掌握减免税货物的审批流程（有效期、使用规定等）；

3. 掌握特定减免税货物的报关程序（进口报关、结转、退运等后续处置以及解除海关监管）；

4. 掌握有关减免税货物报关单中“贸易方式”、“对应征免性质”等栏目的正确填报。

职业技能

1. 具备独立制作单证并申请《进出口货物征免税证明》的能力；

2. 熟练掌握特定减免税货物的进口清关、转让、退换、退运以及解除海关年限监管的报关技能。

一、选择题（有一个或多个正确选项）

1. 根据现行海关规定，下列进口货物属于海关减免税优惠范围的是：（ ）。

A. 保税区内自用的生产设备

B. 残疾人组织进口的残疾人用品

C. 外商在经济贸易活动中免费赠送我方的进口货物

D. 科学研究机构进口的国内不能生产的自用的科技开发用品

2. 特定减免税货物的海关通关管理，主要有以下哪些方面的特征？（ ）。

A. 脱离特定使用范围，应按实际去向办理相应的报关和纳税手续

B. 在特定条件下使用可减免进口关税

C. 原则上免予交验进口许可证件

D. 货物进口验放后仍需受海关监管

3. 特定减免税进口货物的海关监管期限按照货物的种类各有不同。以下特定减免税货物海关监管期限表述错误的是：（ ）。

A. 船舶、飞机、建材，8 年；机动车辆，6 年；其他货物，5 年
B. 船舶、飞机，8 年；机动车辆，6 年；其他货物，5 年
C. 船舶、飞机、建材，8 年；机动车辆，家用电器，6 年；其他货物，5 年
D. 船舶、飞机，8 年；机动车辆，6 年；其他货物，3 年

4. 重庆某外资企业从法国购进一条集成电路生产线，分三批运输进口，其中两批从黄埔老港进口，另一批从上海洋山港进口。该企业在向海关申请办理该套设备的减免税手续的正确做法是：（　　）。
A. 向重庆海关申领一份征免税证明
B. 向重庆海关申领三份征免税证明
C. 向黄埔海关申领一份征免税证明，向上海海关申领一份征免税证明
D. 向黄埔海关申领两份征免税证明，向上海海关申领一份征免税证明

5. 解放军某科研所从美国进口撞击模拟器一台，货物进境前，科研所向主管地海关申请办理该货物进口减免税手续，经海关审核符合相关减免税政策，并核发“征免税证明表”Z8000××××××进口申报时，“征免税证明表”号码应填在报关单（　　）栏。
A. 随附单证栏　B. 备案号栏　C. 备注栏　D. 关联备案号栏

6. 残疾人在进口特定减免税专用品以前，向主管海关提交（　　）的批准文件，海关审核后，签发“进出口货物征免税证明”。
A. 商务部门　B. 检疫部门　C. 工商部门　D. 民政部门

7. 进出口货物征免税证明的有效期为（　　）。
A. 3 个月　B. 6 个月　C. 9 个月　D. 1 年

8. 对作为特定减免税货物的波音 737-800 型飞机，海关的监管年限为（　　）年。
A. 1 年　B. 5 年　C. 6 年　D. 8 年

9. 湖南湘潭伟联晶体材料有限公司与怀化光电材料有限公司都属于享受进口减免税优惠的企业，伟联晶体材料有限公司将特定减免税货物转让给光电材料有限公司，应当由（　　）应当先向主管海关申领“进出口货物征免税证明”，凭以办理货物的结转手续。
A. 伟联晶体材料有限公司　B. 怀化光电材料有限公司
C. 其他企业　D. 以上答案都不对

10. 特定减免税货物在海关监管期内销售、转让的，企业应向海关办理（　　）。
A. 缴纳进口税费的手续　B. 缴纳出口税费的手续
C. 不需要办理纳税手续　D. 以上答案都不对

11. 享受特定减免税优惠进口的电子显微镜，必须按照规定用途使用，未经海关批准不得擅自出售、转让、移作他用，按照现行规定，海关对其的监管年限为（　　）。
A. 8 年　B. 6 年　C. 5 年　D. 3 年

12. 下列特定减免税货物，海关的监管年限为 6 年的是（　　）。
A. 船舶　B. 飞机　C. 机动车辆　D. 机器设备

13. 有下列情形之一的，减免税申请人可以向海关申请凭税款担保先予办理货物放行手续：（　　）。

A. 主管海关按照规定已经受理减免税备案或者审批申请，尚未办理完毕的

B. 有关进口税收优惠政策已经国务院批准，具体实施措施尚未明确，海关总署已确认减免税申请人属于享受该政策范围的

C. 进口许可证正在办理的

D. 其他经海关总署核准的情况

14. 减免税申请人在货物申报进口前向主管海关提出申请，海关准予担保的，出具“中华人民共和国海关准予办理减免税货物税款担保证明”，进口地海关凭主管海关出具的担保证明，办理货物的税款担保和验放手续。税收担保期限不超过（ ）。

A. 3 个月 B. 6 个月 C. 9 个月 D. 12 个月

15. 特定减免税货物的报关程序分为（ ）阶段。

A. 减免税备案

B. 减免税备案审批

C. 进口报关

D. 减免税货物后续处置解除监管

二、判断题（对的打“√”、错的打“×”）

1. 减免税申请人在货物申报进口前向主管海关提出申请，海关准予担保的，出具“中华人民共和国海关准予办理减免税货物税款担保证明”，企业关务员或报关行报关人员凭此到货物进口地海关办理货物的税款担保和验放手续。（ ）

2. 如果一批特定减免货物从不同口岸进口，可以只办理一份“进出口货物征免税证明”。（ ）

3. 减免税货物因故改变货物使用目的，转为正式进口的，应在原进境地海关申报。（ ）

4. 享受特定减免税进口的货物均应提交进口许可证件。（ ）

5. 特定减免税进口设备可以在两个享受特定减免税优惠政策的企业之间结转。结转手续应当分别向企业主管海关办理。（ ）

6. “进出口货物征免税证明”的使用有效期为 6 个月，特殊情况经申请可延长 6 个月。（ ）

7. 实行“一证一批”、“一证一关”，若要分批次，则要分别申领征免税证明。（ ）

8. 特定减免税货物在海关监管期满后，自动解除海关监管，纳税义务人需要开解除监管证明的，可以自监管年限届满之日起 2 年内向海关申请，海关自接到申请之日起 20 日内核发“解除监管证明”。（ ）

9. 特定减免税货物在进口之前，进口货物收发货人或其代理人应当办理加工贸易备案和登记手册的手续。（ ）

10. 企业要求放弃特定减免税货物的，以口头方式向主管海关提出放弃货物的申请。（ ）

11. “进出口货物征免税证明”的有效期为 6 个月，一份证明上使用一次。（ ）

12. 郑州综合保税区内的一家外商投资企业以企业自用的名义进口了一批办公家具，

进口后即捐赠给当地的一个社会福利院，半年后被海关发现，因该企业从事公益活动，海关不得对此进行处罚。（　）

13. 沈阳某研究所2014年4月经海关审核批准，以科研技改的名义免税进口了一套三维模拟成像系统，申报价格为CIF 12 000美元。2015年5月H研究所将该设备以80 000元人民币的价格转让给长春光机科研所。沈阳某研究所应该以80 000元人民币的价格向海关申请补缴税款。（　）

14. 特定减免税货物监管期届满时，减免税申请人不必向海关申请领取"减免税进口货物解除监管证明"，自动解除监管，可以自行处置。（　）

15. 监管年限内申请解除原《免表》的申请人，需先办结减免税货物的补税结关手续，再向《免表》的原签发海关提出申请解除监管。海关审核无误后，给予签发"减免税进口货物解除监管证明"。（　）

三、实务题

1. 河北保定某地矿研究所因科研项目原因，拟将2014年9月进口的一台免税设备——色谱分析仪，于2015年10月转让给云南地矿所科研使用。请为该地矿研究所拟定本减免税货物的处置方案。

答：

2. 柳州南铁制造公司为装备制造轨道车辆，拟进口一套城市轨道交通的屏蔽控制系统，被批准立项。作为该公司的关务员，为保证此项目能顺利完成，应当做哪些工作，请为南铁设计合理有效的报关流程。

答：

3. 吉林机床集团因技术改造需进口一套数控加工设备，已批准立项。该套数控加工设备进口5个月后发现有质量问题，生产的产品不能达到设计要求。经与外商磋商，外商同意更换。作为该公司的关务员，为了使这项技术改造顺利完成，应当做哪些工作，请为此设计合理有效的报关流程。假如质量不符的机器不退运出口，又应当办理何种手续？

答：

第四节 集中报关、进出境快件与转关运输的申报程序实训

实训要求

1. 熟悉进出境快件、集中报关及转关运输的含义和特征;
2. 熟悉进出境快件、集中报关及转关运输的分类和特殊申报程序。

职业技能

1. 掌握进出境快件、集中报关及转关运输的报关程序;
2. 掌握进出境快件、集中报关及转关运输申报所需单证;
3. 掌握进出境快件、集中报关及转关运输申报单据的正确填写、方式、条件及期限。

一、选择题（一个或多个正确答案）

1. 经海关批准允许集中申报的进口货物，应在规定期限内将（ ）录入电子数据向海关申报，海关审结之日起（ ）现场交单。在次月10日前对（ ）以内申报的数据进行归并，填制进出口货物报关单，再到海关办理集中申报手续。

A. 集中申报清单；3日内；1个月

B. 电子数据报关单；3日内；1个月

C. 集中申报清单；10日内；1个月

D. 电子数据报关单；10日内；6个月

2. 适用集中申报通关方式的货物有（ ）。

A. 图书、报纸、期刊类出版物等时效性较强的货物

B. 危险品或者鲜活、易腐、易失效等不宜长期保存的货物

C. 公路口岸进出境的保税货物

D. 易碎的货物

3. 收发货人有下列（ ）情形之一的，应停止适用集中申报通关方式。

A. 担保情况发生变更，不能继续提供有效担保的

B. 涉嫌走私或者违规，正在被海关立案调查的

C. 进出口侵犯知识产权货物，被海关依法给予行政处罚的

D. 海关分类管理类别被降为C类或者D类的

4. 收发货人申请办理集中申报备案手续的，应当向海关提交“适用集中申报通关方式备案表”，同时提供符合海关要求的担保，担保有效期最短不得少于（ ）个月。

A. 6　　B. 3　　C. 1　　D. 12

5.“集中申报清单”归并为同一份报关单的，各清单中的（ ）必须一致。

A. 进出境口岸、经营单位、境内收发货人

B. 贸易方式（监管方式）

C. 起运国（地区）、装货港、运抵国（地区）

D. 运输方式栏目以及适用的税率、汇率

6. 重庆某公司从连云港进口一批货物，在连云港海关办理进口转关手续，货物由转关运输货物承运人按照海关要求运至重庆西部物流园海关报关进口。在转关中连云港海关称为（　　）。

A. 进境地　　B. 起运地　　C. 指运地　　D. 转关地

7. 提前报关的进口转关货物应在电子数据申报之日起（　　）内向进境地海关办理转关手续。

A. 14 天　　B. 7 天　　C. 5 天　　D. 15 天

8. 石家庄市某拖拉机厂使用进口料件加工拖拉机挂斗，在石家庄向海关申报出口，经天津塘沽海关复核放行后运往美国。此项加工成品复出口业务，要办理的手续是（　　）。

A. 境内转关运输手续　　B. 货物过境手续

C. 货物登记备案手续　　D. 出口转关运输手续

9. “转关”系指进出境货物经海关同意后从一个海关转运至另一个海关再办理海关相关监管手续，有以下（　　）种形式。

A. 进口提前转关　　B. 出口提前转关

C. 进出口直转转关　　D. 进出口中转转关

10. 武汉九头公司进口一批货物，货物从江苏太仓港进境，经海关批准该公司在运输工具申报进境 19 天后向南京海关申请办理转关运输手续，并于货物运抵武汉后第 7 天向海关正式申报。因下列哪种原因申报人必须缴纳滞报金？（　　）。

A. 未在规定期限向货物指运地武汉口岸海关正式报关

B. 未在规定期限向太仓海关办理转关运输手续

C. 未在规定期限向南京海关正式报关

D. 既未在规定期限办理转关运输手续，又未在规定期限内正式报关

11. 申请转关运输应符合的条件要求是：（　　）。

A. 指运地和起运地设有海关机构

B. 转关的指运地和起运地应当设有经海关批准的监管场所

C. 承运转关运输货物的企业是经海关核准的运输企业

D. 承运人需按海关对转关路线范围和途中运输时间所作的限定，将货物运往指定的场所

12. 下列哪些货物不得申请转关运输？（　　）。

A. 易制毒化学品　　B. 监控化学品

C. 消耗臭氧层物质　　D. 汽车类，包括成套散件和二类底盘

13. 北京某企业将一批机械设备销往南非，该批货物采用出口直转的方式，已向北京十八里店海关办理了相关转关手续，并将货物用汽车运至天津新港口岸，应向新港海关出具下列哪些单证资料？（　　）。

A. 北京海关签发的出口货物报关单　　B. 出口转关货物申报单

C. 出境汽车载货清单　　D. 汽车载货登记簿

14. 进出境快件分为（　　）。

A. 文件类　　B. 货物

C. 个人物品　　D. 承运快件的运输工具

15. 出境快件应在运输工具离境（　　）小时之前向海关申报。

A. 2　　B. 24　　C. 3　　D. 8

二、判断题（对的打“√”、错的打“×”）

1. 收发货人应当在其主管海关办理集中申报备案手续。（　　）

2. 收发货人需继续适用集中申报方式办理通关手续的，应当在原备案有效期届满 5 日前向原备案地海关书面申请延期。（　　）

3. 收发货人可以在备案有效期内主动申请终止适用集中申报通关方式。（　　）

4. 集中申报进口的货物，在清单申报进境时，属于许可证件管理的，收发货人可不提交相应的许可证件。（　　）

5. 收发货人应当自海关审结集中申报清单电子数据之日起 10 日内，持“集中申报清单”及随附单证到货物所在地海关办理交单验放手续。（　　）

6. 收发货人应当对一个月内以“集中申报清单”申报的数据进行归并，填制进出口货物报关单，一般贸易货物在次月 10 日之前、保税货物在次月底之前到海关办理集中申报手续。（　　）

7. 一般贸易货物集中申报手续可跨年度办理。（　　）

8. 对适用集中申报通关方式的货物，海关按照接受报关单申报之日实施的税率、汇率计征税费。（　　）

9. 对货物类快件中海关规定准予免税的货样、广告品，报关时应提交进出境快件 KJ1 报关单。（　　）

10. 进口货物直接转关方式是具有全程联运提单，需换装境内运输工具的进口中转货物由收货人或其代理人先向指运地海关申报进口，再批量向进境地海关办理转关手续，并将货物运抵指运地。（　　）

11. 转关运输货物在进境地及指运地分别为载运进口货物运输工具申报进境之日起 14 日内和货物运抵指运地有关单位签收之日起 14 日内，应向海关申报。如在进境地产生滞报，由进境地海关征收滞报金；如在指运地产生滞报，则由指运地海关征收滞报金。（　　）

12. 进口直转货物在运输工具申报进境之日起 14 日内，应向进境地海关办理转关运输。（　　）

13. 从事转关运输货物的境内承运人，应向海关办理注册登记手续并承担有关责任。（　　）

14. 转关运输定义中的“进境地”和“出境地”是指办理货物报关纳税手续的海关所在地。（　　）

15. 转关运输中的“指运地”是指出口货物办理报关发运手续的地点。（　　）

三、填空

1.“申报”是指进出口货物的_______、受委托的_______，依照《海关法》以及有关法律、行政法规和规章的要求，在规定的_______、_______，采用_______报关单和_______报关单形式，向海关报告_______的情况，并接受海关审核的行为。

2. 进出口货物的收发货人、受委托的报关企业应当依法如实向海关申报，对申报内容的_______、_______、_______和_______承担相应的法律责任。

3. 进口货物的收货人、受委托的报关企业应当自运输工具申报进境之日起_______日内向海关申报。进口转关运输货物的收货人、受委托的报关企业应当自运输工具申报进境之日起_______日内，向进境地海关办理_______手续，有关货物应当自运抵指运地之日起_______内向指运地海关申报。出口货物发货人、受委托的报关企业应当在货物运抵海关监管区后、装货的_______以前向海关申报。超过规定时限未向海关申报的，海关按照相关规定征收_______。

4. 海关已接受申报的报关单电子数据，人工审核确认需要退回修改的，进出口货物收发货人、受委托的报关企业应当在____日内完成修改并重新发送报关单电子数据，申报日期仍为海关接受原报关单电子数据的日期；超过____日的，原报关单无效，进出口货物收发货人、受委托的报关企业应当另行向海关申报，申报日期为海关____接受申报的日期。

5. 某报关行 4 月 1 日向海关申报的电子数据报关单经过海关计算机检查被退回的，报关行按照要求修改后于 4 月 5 日重新申报，海关接受此申报，申报日期应为____月____日。

6. 海关审结电子数据报关单后，进出口货物的收发货人、受委托的报关企业应当自接到海关“_______”或“_______”通知之日起_____日内，持打印出的纸质报关单，备齐规定的随附单证并签名盖章，到货物所在地海关递交书面单证并办理相关海关手续。

7. 在进出口货物的品名、规格、数量等已确定无误的情况下，经海关批准，进出口货物的收发货人、受委托的报关企业可以在_______、_______或__________前 3 日内，提前向海关办理报关手续，并按照海关的要求交验有关随附单证、进出口货物批准文件及其他需提供的证明文件。

8. 进出口货物的收发货人、受委托的报关企业到海关现场办理接单审核、征收税费及验放手续时，应当递交与电子数据报关单内容相一致的_______、国家实行进出口管理的_______以及海关要求的随附单证等。

9. 进出口货物报关应当随附的单证包括：_______、_______、_______、_______、_______、_______、_______、_______。

10. 海关已签发的报关单证明联、核销联因遗失、损毁等特殊情况需要补签的，进出口货物的收发货人、受委托的报关企业应当自原证明联签发之日起____内向海关提出____申请，并随附有关证明材料，海关审核同意后，可予以补签。

11. _______是指进口货物收货人在货物进境后，未在《海关法》规定时限内向海关申报，海关按有关规定对其征收的费用。

12. 转关运输货物在进境地及指运地分别为载运进口货物运输工具申报进境之日起14日内和货物运抵指运地有关单位签收之日起14日内，应向海关申报。如在进境地产生滞报由______征收滞报金，如在指运地产生滞报则由______征收滞报金。

13. 根据《中华人民共和国海关法》的规定，海关查验货物时，______人、______人应当到场，或者______人到场，并负责搬移货物、开拆和重封货物的包装。

14. 根据《中华人民共和国海关法》的规定，海关认为必要时，可以对进出境货物径行开验、复验或者提取货样。在下列情况下，海关可在收发货人不在场的情况下径行查验：______、______、______。

15. 经海关备案，可以适用集中申报通关方式的进出口货物有：______、______、______。

16. 收发货人应当在______海关办理集中申报备案手续，加工贸易企业应当在______海关办理集中申报备案手续。

17. 收发货人的海关分类管理类别被降为______类或者______类的，停止适用集中申报通关方式。

18. 收发货人应当自海关审结集中申报清单电子数据之日起____日内，持“集中申报清单”及随附单证到货物所在地海关办理交单验放手续。

19. 收发货人应当对______内以“集中申报清单”申报的数据进行______，填制进出口货物报关单，一般贸易货物在______之前、保税货物在______之前到海关办理集中申报手续。一般贸易货物集中申报手续不得______办理。

20. “集中申报清单”归并为同一份报关单的，各清单中的______、______、______、______、______、______、______、______栏目以及适用的______、______必须一致。各清单归并为同一份报关单时，各清单中载明的商品项在______、______、______、______、______和币制均一致的情况下可以进行数量和总价的合并。

21. 海关对集中申报的货物以______上的“进出口日期”为准列入海关统计。

22. 从申报步骤来看，集中申报须经海关备案，进出口货物收发货人在同一口岸多批次进出口有关货物，可以先以______申报，再以报关单集中办理海关手续。

23. 海关查验应当由____名以上海关查验人员共同实施。查验人员实施查验时，应当着______。

24. 因进出口货物所具有的特殊属性，容易因开启、搬运不当等原因导致货物损毁，需要查验人员在查验过程中予以特别注意的，进出口货物收发货人或者其代理人应当在______前声明。

25. 海关可以对已查验货物进行复验的情形有______、______、______、______。

26. 海关在监管区内实施查验不收取费用。对集装箱、货柜车或者其他货物加施海关封志的，按照规定收取封志工本费。因查验而产生的进出口货物搬移、开拆或者重封包装等费用，由______承担。

27. 投资项目所在地海关与减免税申请人所在地海关不是同一海关的，减免税申请人应当__________所在地海关申请办理减免税备案、审批手续。

28. 减免税申请人可以自行向海关申请办理减免税备案、审批、税款担保和后续管理业务等相关手续，也可以__________办理前述手续。

29. 已经在海关办理注册登记并取得报关注册登记证书的报关企业或者进出口货物收发货人受减免税申请人委托，代为办理减免税相关事宜的应向海关出具________________。

30. 减免税申请人按照有关进出口税收优惠政策的规定申请减免税进出口相关货物，应当在申请办理减免税审批手续前，向主管海关申请办理__________手续。

31.“征免税证明”可以延期________次，延期时间自有效期届满之日起算，延长期限不得超过__________个月。

32. 减免税申请人遗失“征免税证明”需要补办的，应当在“征免税证明”有效期内向__________海关提出申请。

33. 减免税申请人可以向海关申请凭税款担保先予办理货物放行手续的情形有：__________________________、____________________、________________________

在海关监管年限内，减免税申请人应当自进口减免税货物放行之日起，在每年的_______________向主管海关递交____________，报告减免税货物使用状况。

34. 由于报关人员操作或者书写失误造成申报内容需要修改或者撤销的，进出口货物收发货人或者其代理人应当向海关提交____________________________和相关证明材料。

35. 除国家另有规定外，加工贸易进口料件属于国家对进口有限制性规定的，经营企业免于向海关提交_____________。

36. 加工贸易出口制成品属于国家对出口有限制性规定的，经营企业应当向海关提交_____________。

37. 加工贸易项下进口料件按照规定在进口时先行征收税款的，加工成品出口后，海关根据____________________________退还已征收的税款。

38. 加工贸易企业应当将加工贸易货物与非加工贸易货物____管理。加工贸易货物应当存放在_________________的场所，实行专料专放。

39. 经营企业应当向加工企业所在地主管海关办理加工贸易货物的手册设立手续。

40. 经营企业办理加工贸易货物的手册设立，应当向海关如实申报__________、__________、__________，以及进口料件和出口成品的__________、__________、__________和原产地等情况。

41. 海关应当在经营企业提供相当于应缴税款金额的保证金或者银行、非银行金融机构保函后办理手册设立手续的两种情形为：____________________________或者_______________________________________。

42. 经营企业应当凭__________、加工贸易进出口货物专用报关单等有关单证办理加工贸易货物进出口报关手续。

43. 加工贸易企业不得办理深加工结转手续的情形有______________________、___________________________________、________________________________。

44. 经营企业将全部工序外发加工的，应当在办理备案手续的同时向海关提供相当于外发加工货物应缴税款金额的_______或者银行、非银行金融机构_______。

45. 进料加工的保税料件，经海关核准，经营企业可以在保税料件之间、保税料件与非保税料件之间进行串换，但是被串换的料件应当遵循如下原则：______、______、______、______、不牟利的原则。

46. 经营企业对外签订的合同提前终止的，应当自合同终止之日起______日内向海关报核。

47. 加工贸易保税进口料件或者成品因故转为内销的，海关凭主管部门________的有效批准文件，对保税进口料件依法征收税款并且加收______，进口料件属于国家对进口有限制性规定的，经营企业还应当向海关提交______。

48. 经营企业因故将加工贸易进口料件退运出境的，海关凭______核销。

49. 对经核销结案的加工贸易手册，海关向经营企业签发______。

50. 加工贸易货物的手册设立和核销单证自加工贸易手册核销结案之日起留存____年。

51. 加工贸易企业向海关申报办理加工贸易货物销毁处置，应提交的单证资料有：____________、____________及销毁处置方案；____________、____________及企业与该单位签订的委托合同；海关认为需要提供的其他资料。

52. 企业销毁处置加工贸易货物未获得收入，销毁处置货物为料件、残次品的，报关适用监管方式为“______（代码______）”；销毁处置货物为边角料、副产品的，报关适用监管方式为“______（代码______）”。企业销毁处置加工贸易货物获得收入的，按销毁处置后的货物报验状态向海关申报，报关适用的监管方式为“______（代码______）”或“______（代码______）”。报关单备注栏内应注明“______”。

53. 加工贸易剩余料件结转涉及不同主管海关的，在双方海关办理相关手续，并由______海关收取风险担保金。

54. 加工贸易企业申请内销剩余料件或者内销用剩余料件生产的制成品的，剩余料件金额占该加工贸易合同项下实际进口料件总额______以内（含______），并且总值在人民币______元以下（含______元）的，商务主管部门免予审批，企业直接报主管海关核准。

55. 海关按照加工贸易企业向海关申请内销边角料的报验状态归类后适用的税率和审定的边角料价格计征税款，免______，如属于发展改革委员会、商务部、环保总局及其授权部门进口许可证件管理范围的，免于提交______。

56. 异地加工贸易是指加工贸易经营单位将进口料件委托另一直属海关关区内______开展的加工业务。

57. 经营单位与加工企业开展异地加工业务，双方应当签订符合《中华人民共和国合同法》规定的“______”。

58. 经营单位开展异地加工贸易，应当凭其所在地商务主管部门核发的______和加工企业所在地商务主管部门出具的________，填制________，向经营单位主管海关办理异地加工手续。

59. 海关对开展异地加工贸易的经营单位和加工企业实行分类管理，如果两者的管理类别不相同，按照其中______类别采取监管措施。经营单位不得委托按______类管理的加工企业开展异地加工贸易。

60. 海关对加工贸易残次品处理的四种方式有____________、______________、________________、____________________。

61.《海关对进出境快件监管办法》将进出境快件分为________类、________类和________类三类。

62. 进出境快件的文件类进出境快件是指法律、法规规定予以______且______的文件、单证、票据及资料。

63. 进出境快件的个人物品类进出境快件是指海关法规规定______范围内的进出境的旅客分离运输行李物品、亲友间相互馈赠物品和其他个人物品。

64. 进境快件自运输工具申报进境之日起____日内，出境快件在运输工具离境____之前，应当向海关申报。

65. 文件类进出境快件报关时，运营人应当向海关提交__________________、总运单（副本）和海关需要的其他单证。

66. 个人物品类进出境快件报关时，运营人应当向海关提交________________、每一进出境快件的分运单、进境快件收件人或出境快件发件人身份证件影印件和海关需要的其他单证。

67. “转关货物”系指从一个海关运至另一个海关办理海关手续的进出口货物。转关货物有__________、__________、__________三种。

68. 企业可以采取办理转关手续的方式有__________、__________、__________三种。

69. 企业采取提前报关办理转关手续的，提前报关的转关货物收货人或代理人，应向进境地海关提供：________________、________________、________________、________________。

70. 转关货物应当自运输工具申报进境之日起___天内向进境地海关办理转关手续，在海关限定期限内运抵指运地海关之日起___天内，向指运地海关办理报关手续。逾期按规定征收______。

71. 进口转关货物，按货物到达指运地海关之日的税率和汇率征税。提前报关的，其适用的税率和汇率是___海关接收到___海关传输的转关放行信息之日的税率和汇率。

72. 提前报关的转关货物，进口货物收货人或其代理人在进境地海关办理进口货物转关手续前，向指运地海关录入________________电子数据，指运地海关提前受理电子申报，货物运抵指运地海关监管场所后，办理转关核销和接单验放等手续。

73. 提前报关的进口转关货物应在电子数据申报之日起的___日内，向进境地海关办理转关手续。超过期限仍未到进境地海关办理转关手续的，指运地海关撤销提前报关的电子数据。

74. 进口直转的转关货物，货物收货人或代理人在进境地录入______，直接办理转关手续。

75. 进口直转的转关货物，货物收货人或代理人向进境地海关办理转关手续时，应提交的单证是：________________；________________。

76. 进口中转的转关货物，运输工具代理人向进境地海关办理转关手续的，应提交的单证是：________________；________________；________________。

77. 提前报关和直转的出口转关货物到达出境地后，发货人或代理人应持________________和起运地海关签发的________________和________________，向出境地海关办理转关货物的出境手续。

78. 出口直转的转关货物，由货物发货人或其代理人在货物运抵起运地海关监管场所后，向起运地海关填报录入________________电子数据，起运地海关受理电子申报。

79. 出口转关货物在运抵出境地海关监管场所后，出境地海关方可办理转关核销。货物实际离境后，出境地海关核销清洁舱单并反馈给起运地海关，起运地海关凭以签发有关报关单______联。

80. 收货人在运输工具申报进境之日起______日后向海关申报进口的，不适用______通关方式。收货人应当以报关单向海关申报。

四、案例实务

1. 内蒙古贝利乳品有限公司于2014年12月1日委托东旭贸易公司与荷兰海普诺凯集团公司签约购买"佳贝艾特"奶粉18吨，成交价格CIF二连浩特10美元/千克。海普诺凯集团公司租用CRONOS公司的20尺集装箱一个，装载该批奶粉，集装箱号CRSU 78395382319，2015年2月1日将该批奶粉交由马士基（中国）航运有限公司从鹿特丹港起运，船名：HUNBENG。航次号：V.288。2015年3月20日抵达上海洋山港。

（1）假设上海海天报关有限公司受东旭贸易公司委托，于2015年3月28日向海关申报进口该批奶粉，并通过海关计算机逻辑审核，请问该货物的申报时间是多少？如果该报关单经海关计算机逻辑审核转人工审核，海关审单关员经审核发现，商品规格型号栏申报不完整，遂将其报关单电子数据退出，要求申报完整，报关人员于3月30日补充完整后重新向海关发送电子数据，请问该货物的申报时间是多少？

答：

（2）上海海天报关有限公司向现场海关递交纸制报关单证时，应随附哪些单证？

答：

（3）如海关安排 4 月 1 日对该货物实施查验，作为报关人员应做哪些准备？

答：

（4）假设上海海天报关有限公司报关人员小李 2015 年 3 月 28 日在向海关申报时，将报关单“总价”栏错误地录入成 18 000，并通过海关电子审单。请问小李应该怎么办？小李的行为是否会遭受海关处罚？如果会遭受处罚，处罚的幅度是多少？

答：

2. 山东青岛百莺琴行拟从奥地利进口二手钢琴，请问通关需要哪些单据？

答：

3. 陕北维创电脑制造有限公司拟于 2014 年 5 月 1 日发运出口笔记本电脑 10 000 台，该批货物于 2014 年 4 月 28 日进入海关监管场所。西安大唐报关公司报关人员张宏，于 2014 年 4 月 29 日代维创电脑制造有限公司向海关申报该批笔记本电脑出口，海关经审核同意该批笔记本电脑出口。2014 年 4 月 30 日张宏接到航空公司通知，2014 年 5 月 1 日航班因故取消。请问应如何处置该情况，请写明完整流程。

答：

4. 安徽黄山福利院系一老年公寓性福利企业，拟从日本引进设备一台，设备将从日本发运到上海港，请问申请减免税是在上海海关还是在黄山海关？如何办理？

答：

5. 河北大地公司（040191×××××）实行技术改造（属国家鼓励内项目），将于2015年8月1日进口5台数控加工中心，你作为关务员，请为大地公司设计该货物进口前减免手续的办理流程，注明所需单证。

答：

6. 河北大地公司（040191×××××）拟将2015年8月1日进境的减免税货物高速加工铣切机床1台，在使用1年后转让给福州天穹公司（490393××××），转让价人民币800万元。

（1）假设福州天穹公司具有进口高速加工铣切机床的减免税资格，请设计办理转让流程和所需手续。

答：

（2）假设福州天穹公司不具有进口高速加工铣切机床的减免税资格，请设计办理转让流程和所需手续。

答：

7. 浙江我家超群有限公司（总公司）实行总部经济模式，以总公司名义进口了一批减免税设备，根据生产需要，拟通过内部调拨把该批减免税设备的固定资产账调整到分公司（非独立法人）的财务账上，并由分公司我家超辉有限公司管理和使用，请问需办理哪些手续？

答：

8. 厦门谷子地服装公司属于加工贸易企业，当前该公司已有较多的不良进口面料待处理，占用较大仓库空间。如果你是该公司的关务人员，请为其设计该批不良面料的处理方式。

答：

9. 河南麒麟公司（A 类企业）主要从事服装加工业务，从意大利进口毛呢面料，加工制作女式大衣，出口韩国。由于国内市场需求旺盛，麒麟公司拟将进口面料制作的女式大衣 2 000 件投放国内市场，如你是麒麟公司的关务人员将如何处理该项业务，请写明流程。

答：

10. 海南天地公司是一家塑料制品的加工企业，生产过程中产生的边角料在手册核销时已经办理了补税，请问这些边角料在补税后是否可以自行处理了呢？写明理由。

答：

11. 拱北澳粤公司是一家加工贸易的外资企业，其加工使用的料件为无纺布，边角料堆放比较占地方，为缩小堆放面积，该企业老总拟买一台粉碎机把边角料粉碎放置。请问这样做是否会受到海关处罚，为什么？

答：

12. 请问在边角料内销审价和报关时需要提供哪些资料？

答：

13. 某来料加工贸易企业，进口原料时HS编码显示无须任何监管证件，但该原料在国内加工后产生的废碎料HS编码的监管条件为A/P，属于限制进口的固体废物。该废碎料可以向主管地海关申请放弃吗？写明理由。

答：

14. 广东梅州三水公司因电线突发性短路导致加工车间发生火灾。部分保税进口料件、成品、半成品受火灾高温和烟尘污染以及当时因无法抢出而后因消防淋水，导致无法出口，也无法用于生产，变成了公司的废品。假设你是三水公司的关务人员，请问该如何处理该批资材，如何进行海关电子账册核销？

答：

15. 湖南岳阳某三资企业的保税料件在生产过程中，因人为原因导致有少量不能再使用，请问怎样处理？

答：

16. 试述海关监管货物中保税货物与减免货物的区别。

答：

17. 简述进出口货物收发货人或者其代理人可以向原接受申报的海关办理进出口货物报关单修改或者撤销手续的几种情况。

答：

18. 简述海关可以要求经营企业在办理手册设立手续时提供相当于应缴税款金额的保证金或者银行、非银行金融机构保函的几种情形。

答：

19. 简述海关不得为加工贸易企业办理加工贸易手册设立手续的几种情形。

答：

20. 举例说明什么是进料加工、来料加工、加工贸易边角料、剩余料件、残次品、副产品以及受灾保税货物。

答：

以案说法

进出口货物申报不实，报关企业是否应承担法律责任？

一、案件基本情况

2014 年 6 月 15 日，A 公司委托 B 公司以一般贸易方式向海关申报进口缝合机 3 台，申报价格每台 15.4 万美元。海关经查验发现，当事人实际进口缝合机 6 台，少报多进了

3台，涉嫌漏缴税款人民币47.7万元。海关遂对此立案调查，并查明如下事实：6月13日，A公司在收到外商寄来的6台缝合机发票、装箱单和通过因特网发送的3台缝合机发票的电子邮件后，委托B公司以一般贸易方式办理报关事宜。A公司业务员在向B公司移交报关单据时未仔细核对，只将3台金线缝合机发票的电子邮件、6台金线缝合机的装箱单及到货通知提供给报关企业驻厂客服人员；而B公司驻厂客服人员认为报关时不需要装箱单，只将收到的3台金线缝合机的发票及到货通知传真给该公司报关人员。B公司报关人员收到上述发票和到货通知后，向货运公司调取了6台金线缝合机的随货发票和记录金线缝合机编号、发票号码和运单后，也未认真核对从货运公司调取单证与A公司提供资料的有关内容是否一致，便直接以3台金线缝合机的数量向海关办理申报进口手续，致使申报内容不符合进口货物的实际情况。

根据案件调查所掌握的证据情况，海关认为，本案进口货物收货人A公司并无以伪报、瞒报方式逃避海关监管、偷逃应缴税款的主观故意，涉案金线缝合机进口数量申报不实（少报多进）是由于该公司业务员及B公司报关人员未认真核查有关单证、工作疏忽所致。根据《海关法》和《海关法行政处罚实施条例》的有关规定，A公司以及受A公司委托从事涉案货物报关业务的B公司应承担相应的法律责任。7月22日，海关根据《海关行政处罚实施条例》的规定，对A公司作出处罚款人民币20万元的行政处罚决定；另根据《海关行政处罚实施条例》第十七条的规定，对报关企业B公司罚款人民币8万元，并暂停该公司15天报关业务。

二、法律提示

本案涉及报关企业在海关申报不实案件中是否应承担法律责任的问题。所谓“报关企业”是指为社会提供专门化报关纳税服务的企业。办理进出口货物的报关纳税手续是一项复杂而重要的工作，需要由熟悉法律、税务、外贸、商品知识并精通海关法律法规及海关业务制度的专业人员办理。一些从事对外贸易经营活动的进出口企业（即《海关法》上的收发货人）由于受到知识水平、业务技能、经济条件以及时间和地点等主、客观因素的限制，往往不能亲自办理进出口货物的通关手续，在此情况下需要委托具有上述专业知识的人员代为办理货物报关纳税事宜。因此，在长期实践中逐渐形成一类为社会提供专业报关服务、代理他人办理报关纳税手续的企业，这就是我们所说的报关企业。报关企业的出现，对于降低收发货人报关成本、提高货物通关速度起到了积极作用，为世界各国海关通关监管作业模式所接受，我国现行《海关法》对于报关企业和代理报关制度也作出了相应规定，明确了报关企业所享有的权利和应当履行的义务。

报关企业是基于收发货人委托办理报关纳税事宜的，上述特点决定了报关企业参与的进出口货物报关纳税业务所涉及的行政法律关系比较复杂，涉及海关、收发货人、报关企业三方主体，在有关责、权归属上容易产生分歧和争议，这一问题在海关对申报不实案件的处理过程中表现得较为突出。执法实践中，报关企业就进出口货物的申报内容与实际情况不符，构成《海关行政处罚实施条例》所规定的“申报不实”情形时，同前文所述案例中的B公司一样，许多报关企业往往会以“报关行为是受收发货人委托所为、不了解进出口贸易实际情况”为由要求免责，并认为其自身就如实申报问题不负有《海关法》上的义务，有关责任应由收发货人承担。那么，这些报关企业的上述理解和认识是否正确，其在进出口申报环节是否同收发货人一样负有《海关法》所规定的如实申报义务并须就申报不实承担相应法律责任呢？

（一）报关企业是否负有《海关法》所规定的如实申报义务？

在前文所述案例中，B 公司不服海关行政处罚决定的主要抗辩事由是该公司不是进口货物收货人，不负有《海关法》所规定的如实申报义务；其受 A 公司委托实施申报行为所产生的法律责任应由委托人 A 公司承担。事实上，B 公司的上述认识是不正确的。在进出口货物申报问题上，《海关法》第二十四条虽然规定了进出口货物收发货人负有“向海关如实申报”的法定义务，但《海关法》第十条同时规定：报关企业接受进出口货物收发货人的委托，以委托人的名义办理报关手续的，应当提交由委托人签署的授权委托书，并遵守本法对委托人的各项规定。根据《海关法》的上述规定，报关企业不仅须在进出口货物收发货人（委托人）的授权范围内行使代理权，而且还必须遵守其委托人应当遵守的法律规定。正如代理其委托人签订经济合同的代理人必须遵守合同法的规定、代理其委托人参加诉讼活动的代理人必须遵守诉讼法的规定一样，接受进出口货物收发货人委托办理报关纳税手续的报关企业，同样应当遵守《海关法》对其委托人所设定的各项义务性规定，其中就包括向海关如实申报的义务。报关企业违反《海关法》的有关规定，因自身原因导致进出口货物申报不实的，应承担相应的法律责任。

（二）报关企业对收发货人提供的进出口货物情况是否负有审查义务？

前文已述，报关企业同委托其办理报关纳税手续的收发货人一样，对进出口货物负有向海关如实申报的法定义务。为保证申报内容与进出口货物的实际情况相符，报关企业不能简单地把收发货人提供的单证直接转交海关，而必须进行适当审查。《海关法》第十条对此作出了明确规定：“报关企业接受委托人的委托办理报关手续的，应当对委托人所提供情况的真实性进行合理审查。”应该说，《海关法》的上述规定是符合报关企业的自身特点和贸易实践的。报关企业作为为进出口货物收发货人提供专门化报关纳税服务的特殊企业，应当比收发货人更熟悉办理报关纳税手续所需单证情况以及需要向海关申报的有关内容，更了解海关法律法规以及相关管理制度的规定和要求，更精通海关行政管理所涉及的商品归类、海关估价、原产地规则等具有较强技术性的海关专业知识。因此，报关企业在接受收发货人委托办理报关纳税业务过程中，应当本着认真审慎的原则，运用其所掌握的知识和技能对收发货人提供的单证资料进行合理审查，及时发现其中不真实的情况，防止走私或违反海关监管规定等违法情事的发生。

根据《海关法》和《海关进出口货物申报管理规定》（海关总署令第 103 号）的有关规定，报关企业对收发货人提供的有关进出口货物情况的真实性应当进行合理审查，审查内容主要包括以下几个方面：

——能够证明进出口货物实际情况的有关资料，包括进出口货物的品名、规格、用途、原产地、贸易方式等；

——有关进出口货物的合同、发票、运输单据、装箱单等商业单据以及进出口货物所需要的许可证件及随附单证；

——海关要求的加工贸易手册（纸质或电子数据的）及其他进出口单证；

——收发货人的名称、法定代表人、地址、资信情况、联系方法和委托人签署的授权委托书等资料；

——办理报关纳税手续过程中需要了解的其他情况。

（三）未尽合理审查义务的报关企业应承担何种法律责任？

根据《海关法》和《海关行政处罚实施细则》的有关规定，如果报关企业对委托其报关的收发货人所提供的进出口货物情况的真实性未尽到合理审查义务，或者因工作疏忽导致进出口货物的商品名称、税则号列、数量、规格、价格、贸易方式、原产地、起运地、运抵地、最终目的地或者其他应当申报的项目未申报或申报不实的，海关可对报关企业处货物价值 10%以下罚款，暂停其 6 个月以内从事报关业务；情节严重的，撤销其报关注册登记。在此类案件处理过程中，报关企业就是否尽到合理审查义务负有举证责任，如果其不能提供充分证据证明履行了上述义务，海关将依据有关规定对报关企业给予相应行政处罚。

在进出口货物申报不实案件中，海关对造成申报不实情形发生负有责任的收发货人同样有权给予行政处罚。根据《海关行政处罚实施条例》第十六条的规定，如果收发货人未按规定向报关企业提供所委托事项的真实情况，导致报关企业申报内容与进出口货物实际情况不符的，海关可根据申报不实行为所造成的不同危害后果，对收发货人给予不同处罚标准和幅度的行政处罚，同时没收违法所得。例如，申报不实行为影响海关统计准确性的，予以警告或处 1 000 元以上 1 万元以下罚款；影响海关监管秩序的，予以警告或处 1 000 元以上 3 万元以下罚款；影响国家外汇、出口退税管理的，处申报价格 10%以上 50%以下罚款；影响国家许可证件管理的，处货物价值 5%以上 30%以下罚款；影响国家税款征收的，处漏缴税款 30%以上 2 倍以下罚款。在前文所述案例中，海关对 A 公司影响国家税款征收的申报不实行为就是按上述罚款幅度给予行政处罚的。

第五章　国际贸易货物常见报关单填制规范实训

实训要求

1. 能熟练掌握进出口货物报关单各栏目的含义、对应关系和所填信息的来源；
2. 熟悉报关单填制的各项要求，特别是何时需要分单填制。

职业技能

1. 掌握进出口货物报关单各栏目的含义、对应关系和所填信息的来源；
2. 能正确填制一般进出口货物、特殊监管区外保税加工和特定减免税货物的报关单并向海关申报。

一、单选题

1. 海南琼海某进出口公司从沙特运载一批货物到海南洋浦海关（6404），再转关运往三亚海关（6402），并在三亚海关办理报关手续。“进口口岸”栏目应填：（　　）。

A. 洋浦海关 6404　　B. 三亚海关 6402
C. 海口海关 6401　　D. 海口关区 6400

2. 无锡某进出口公司从美国海运一批大豆到洋山海关（2248），再转关运至重庆两路寸滩水港（8010）办理报关手续。“进口口岸”栏目应填：（　　）。

A. 上海海关 2200　　B. 洋山海关 2248
C. 两路寸滩海关水港功能区 8010　　D. 重庆海关 8000

3. 某进出口公司从法国购买 10 000 米羊毛面料，为制作男士西服出口美国，该面料从法国法兰克福机场经北京首都机场海关（0110）运至南京禄口机场海关（2337）申报。“进口口岸”栏目应填：（　　）。

A. 法兰克福机场海关　　B. 首都机场海关 0110
C. 禄口机场海关 2337　　D. 南京海关 2300

4. 四川成都某企业在重庆水港办事处报关出口至日本竹浆 40 吨，货物从乐山汽车运至重庆，由民生轮船公司水运至上海洋山码头，再海运至日本。“出口口岸“栏目应填：（　　）。

A. 成都海关 7900　　B. 乐山海关 7908
C. 重庆水港办事处 8007　　D. 上海洋山海关 2248

5. 烟台渤海湾仪器设备公司（440251××××）委托大连海运进出口公司（210291

××××）从日本订购一批蒸汽喷雾仪。该仪器报关时“经营单位”栏目应填写：（　　）。

A. 烟台渤海湾仪器设备公司

B. 大连海运进出口公司

C. 烟台 FT 仪器设备公司 440251××××

D. 大连海运进出口公司 210291××××

6. 经营单位代码为 10 位数，按顺序其第（　　）位为企业性质代码。

A. 4　　B. 5　　C. 6　　D. 5～6 位

7. 下列哪一经营单位是中外合资企业？（　　）。

A. 福建武夷山茶有限公司 530751××××

B. 山东德州扒鸡进出口公司 371433××××

C. 吉林长雾松仪器设备公司 220126××××

D. 江苏海德合资装配有限公司 320291××××

8. 吉林长雾松公司进口一批三文鱼，从挪威用飞机运至大连子周水机场，再通过汽车转关运输至沈阳开发区海关，在向沈阳开发区海关申报时，“运输方式”栏应填报（　　）。

A. 2　　B. 3　　C. 4　　D. 5

9. 广州东洋公司（440193××××）委托广东机械进出口公司（440191××××）从德国进口投资设备一批，报关时“经营单位”栏应填报（　　）。

A. 广州东洋公司 440193××××　　B. 广东机械进出口公司 440191××××

C. 440193××××　　D. 440191××××

10. 辽宁传奇进出口公司进口一批途经香港中转，从澳大利亚起运的美国产 IPAD AIR2，在填制报关单时，该报关单的“起运国（地区）”栏目应填报（　　）。

A. 中国香港　　B. 澳大利亚　　C. 美国　　D. 中国香港

11. 广西大红进出口公司从悉尼装运澳大利亚铁矿石运至马来西亚的吉隆坡，再从吉隆坡转船运达广西防城港，这批铁矿石的装货港应填报（　　）。

A. 悉尼　　B. 吉隆坡　　C. 防城港　　D. 中国境内

12. 南昌某公司经香港中转出口一批羊毛衣至英国伦敦，在填制报关单时，报关单的“指运港”栏应填（　　）。

A. 南昌　　B. 香港　　C. 伦敦　　D. 欧洲港口

13. 进口货物报关单付汇证明联和报关单出口退税证明联，是（　　）所签发的证明文件，是办理付汇、出口退税的重要依据之一。

A. 海关　　B. 银行　　C. 外汇管理部门　　D. 发货人

14. 海关规定的出口报关单上的出口日期是（　　）。

A. 申报货物办结海关出口手续的日期

B. 向海关申报货物出口的日期

C. 运载货物的运输工具向海关办结出境手续的日期

D. 所申报货物运离海关监管场地或仓库的日期

15. 汕头芭碧合资企业委托广东省机械设备进出口公司与美国某公司签约，按一般贸易方式进口工程设备，并交由汕头外运公司代理报关，在填制进口报关单时，“经营单位”栏目应为（　　）。

A. 汕头芭碧合资企业　　B. 广东省机械设备进出口公司

C. 都不对　　D. 汕头外运公司

16. 中国粮油进出口公司收购广东省粮油进出口公司在番禺炼油厂生产的花生油一批，该货经上海外港出口，出口报关单上填写的“发货单位”应为（　　）。

A. 中国粮油进出口公司　　B. 番禺炼油厂

C. 广东省食品油公司　　D. 上海浦东港

17. 美国商人从广州购买陶瓷工艺品一批，货从广州用汽车运至香港，再用飞机空运经加拿大，再到纽约，在填制报关单时，该报关单的运抵国应填（　　）。

A. 加拿大　　B. 香港　　C. 纽约　　D. 美国

18. 江苏淮安某信息公司与香港某公司签订一出口合同，货从广州黄埔老港码头装船运往香港，再从香港用飞机运至美国，在签合同时我国公司得知该批货到美国后还要再运至加拿大。根据上述情况，填写报关单时，以下哪种填写正确？（　　）。

A. 运抵国（地区）为美国，最终目的国（地区）为加拿大

B. 运抵国（地区）为中国香港，最终目的国（地区）为加拿大

C. 运抵国（地区）为加拿大，最终目的国（地区）为加拿大

D. 运抵国（地区）为中国香港，最终目的国（地区）为美国

19. 东北北大荒进出口公司向肯尼亚出口 500 吨玉米。该批玉米散装在一条船的 3 个船舱内。海关报关单上的“件数”和“包装种类”两个项目的正确填报应是：（　　）。

A. 件数为 500，包装种类为“吨”　　B. 件数为 1，包装种类为“船”

C. 件数为 3，包装种类为“船舱”　　D. 件数为 1，包装种类为“散装”

20. 进口报关单上的进口日期是（　　）。

A. 申报货物办结海关进口手续的日期

B. 向海关申报货物进口的日期

C. 运载货物运输工具申报进境的日期

D. 所申报货物进入海关监管场地或仓库的日期

21. 北京某公司从美国购进一批苹果笔记本电脑，其中显示屏为韩国生产，集成电路板由新加坡生产，其他零件均为马来西亚生产。最后由新加坡组装成整机。该公司向海关申报进口该批苹果笔记本电脑时，原产地是（　　）。

A. 日本　　B. 韩国　　C. 新加坡　　D. 马来西亚

22. 成都新华家具公司从柬埔寨购进一批木材，一次到货，提单号为 PASU5120903620，分属两个合同项下货物，清单简列如下：合同号 NO：201300090（一般贸易合同）、花梨木板 160×1 500×2 000mm；合同号 NO：201400001（加工贸易合同，只收取加工费）（1）胶合板，5×1 000×2 000mm；（2）地板条，18×120×1 000mm；

（3） 铁木条，200×1 888×2 500mm。该公司在向海关一次性申报进口时，应填报几份报关？（ ）。

A. 1 份　　B. 2 份　　C. 4 份　　D. 5 份

23. 汉阳合资公司进口设备由万荣集团的 WARNOW CARPVOY.302 轮载运进境，汉阳合资公司委托三水报关行向上海外港海关办理转关申请手续，后由 MIN SHENG VOY.206 轮船运抵武汉。该企业在向武汉海关递交的进口货物报关单“运输工具名称”一栏的正确填报应为（ ）。

A. WARNOW CARP/302　　B. @+16 位转关申报单预录入号

C. WARNOW CARP/@302　　D. @+ WARNOW CARP/206

24. 某中外合资经营企业办妥加工贸易合同登记备案手续后购进生产原料一批，其中30%加工产品内销，50%加工产品直接返销境外，20%加工产品结转给另一关区其他加工贸易企业继续加工后返销境外。应以下列哪种方式办理进口申报手续？（ ）。

A. 进料对口

B. 其中 30%按一般贸易申报；70%按进料对口申报

C. 30%按一般贸易申报；50%按进料对口申报；20%按进料深加工申报

D. 50%按一般贸易申报；50%按进料对口申报

25. 沪宁有限公司（230193××××）出口自产集装箱。该批出口货物报关单“贸易方式”与“征免性质”栏目应分别填报为（ ）。

A. 一般贸易，一般征税　　B. 合资合作设备，中外合资

C. 一般贸易，中外合资　　D. 合资合作设备，一般征税

二、判断题（对的打“√”、错的打“×”）

1. 某企业出口一批货物，从广州顺德海关（5150）申报，再转关到深圳蛇口海关（5304），后运往香港。申报时，报关单的“出口口岸”栏应填“顺德海关 5150”。（ ）

2. 苏州罗技笔记本键盘经批准转到天红厂加工生产笔记本电脑，由于该货物是境内的厂与厂之间的结转，没实际进出关境，因此，该批货物申报时，其报关单的“进（出）口口岸”栏目应以接受申报的申报地海关来填写。（ ）

3. 某服装进出口公司下属的服装加工厂以来料加工的方式进口布料一批，该布料从香港用汽车运抵目的地，其进口报关单的“随附单据”栏应填报该货物的加工贸易手册编号。（ ）

4. 中国粮油进出口总公司（110291××××）与伊朗签订出口 5 万吨食品油的合同，该合同由广东粮油分公司（440191××××）执行，组织货源并安排出口。申报时，“经营单位”栏目应填报“广东粮油分公司 440191××××”。（ ）

5. 某企业经海关批准，把一批货物用汽车从保税港区运出区，向海关申报时，其报关单“运输方式”栏目应填“公路运输”。（ ）

6. 对于一张报关单多份提运单的货物，其报关单的填写可以是：其中一份提运单填写在报关单的“提运单号”栏目，其余的填写在报关单的“备注”栏。（ ）

7. 一批出口物资从深圳盐田港码头装船运往香港，再从香港换船转运至美国洛杉矶，后再转运至加拿大的渥太华，报关单指运港应填报“加拿大”。（　）

8. 江苏某公司出口一批打火机至香港甲公司，再由甲公司转售给英国乙公司。“运抵国（地区）”应填报“香港”，最终目的国（地区）应填报“英国”。（　）

9. 大观园糕点公司进口一批总重量为 30 000 千克的面粉，该面粉的外包装为纸袋，可单据上并没有标明扣除纸袋的净重。在这种情况下可以将毛重作为净重来申报。（　）

10. 芜湖某汽车进出口公司进口 50 辆德国产小轿车，每辆车上附带一套法国生产的维修工具。进口报关时，维修工具的原产国应按小轿车填报为“德国”。（　）

11.“商品名称”、“规格型号”栏目，正确的填写内容应有中文商品名称、规格型号，商品的英文名称和品牌，缺一不可。（　）

12. 某化工进出口公司下属某厂以进料加工贸易方式进口 PPA50 吨，经海运抵港后，进口报关单的“备案号”栏应填报为该货物的加工贸易手册的编号。（　）

13. 联合国向我国援助一台德国产的医疗仪器。德国受联合国的委托将该批货物运往我国。进口报关单上应填报“起运国（地区）”为“联合国”，“原产国（地区）”为“德国”。（　）

14. 中国仪器进出口公司从瑞士哥敦公司购得分属2个合同的8种不同规格的精密仪器同船一并运达。该批仪器用于国内销售，由于这些货物品种单一且数量不大，申报时可以用一份进口货物报关单准确、真实、齐全、清楚地填报。（　）

15. 某企业经海关批准从保税仓库内提取一批货物内销到国内市场，由于该批货物原进入保税仓库时为空运进口，故在报关单“运输方式”栏应填报“5”。（　）

16. 进出口货物报关单的“数量及单位”栏必须按海关法定计量单位和成交计量单位填报。成交计量单位与法定计量单位不一致的，须填报与海关法定计量转换后的单位及数量，同时还需填报成交计量单位及数量。（　）

17. 在进出口货物报关单填制中，经营单位编码第 6 位数为“8”的单位不得作为经营单位填报。（　）

18. 报关单填制中 CIF、FOB 等成交方式是海关规定的《成交方式代码表》中所指定的成交方式，与《2010 年国际贸易术语解释通则》中的贸易术语内涵一致。（　）

19. 某企业一般贸易海运进口钢材一批。《重要工业品自动进口许可证》编号为 C00220030714011。其许可证号应填报为：C00220030714011。（　）

20. 某企业一般贸易海运进口原产于台湾的洋桃一批。“备案号”栏应填报为 Y：06：1。（　）

三、问答题（根据各单证回答问题）

1. 单证一

中华人民共和国海关出口货物报关单

预录入编号：　　　　　　　　　　　　　　　　　　　海关编号：224820140325689155

出口口岸	备案号	出口日期	申报日期
洋山港区 2248	E80019000119	20140225	20140225

经营单位	运输方式	运输工具名称	提运单号
重庆叶枫汽车配件有限公司（500891××××）	2	**KE855/25 FEB.**	**KEW51000788**

收货单位	贸易方式	征免性质	结汇方式
重庆红岩汽车股份有限公司（500891××××）	0615	0654	L/C

许可证号	运抵国（地区）	指运港	境内货源地
	中国香港	香港	

批准文号	成交方式	运费	保费	杂费
XD20141007	CIF	502/720/3	0.3/1	

合同协议号	件数	包装种类	毛重（千克）	净重（千克）
	100	纸箱	1 950.00	1 860.00

集装箱号	随附单据	生产厂家

标记唛码及备注

项号	商品编码	商品名称、规格型号	数量及单位	最终目的国（地区）	单价	总价	币值	征免
1	4000003100.00	硫化橡胶制胶管 汽车油管连接用、管状成卷	1 830 千克 7 200 米	德国	10.00	72 000.00	502	全免

请依据报关单的相关信息回答下列问题：

（1）① 报关单的名称：________________

② 申报日期：________________

③ 出境口岸海关：________________

④ 最终目的地：________________

⑤ 指运港：________________

（2）从报关单所填内容判断该商品出口是否需要许可证？

答：

2. 单证二

中华人民共和国海关出口货物报关单

预录入编号：　　　　　　　　　　　　　　　海关编号：

[A] 出口口岸 ××海关（××××）	[B] 备案号 B223394×××××	出口日期	申报日期 20060628
[C] 经营单位 上海胜光进出口公司	[D] 运输方式 水路运输	[E] 运输工具名称 APLINDIA/228A	[F] 提运单号 HY2006046
收货单位 上海胜光进出口公司 312294××××	[G] 贸易方式 进料加工	征免性质 来料加工	[H] 结汇方式 付款交单
许可证号	[I] 运抵国（地区） 中国香港	[J] 指运港 香港	[K] 境内货源地 上海埔东其他

[L] 批准文号 015177148	成交方式 CFR	[M] 运费	[N] 保费 5/1	杂费
[O] 合同协议号 SG06-63	件数 600	[P] 包装种类 木箱	毛重（千克） 2 200	[Q] 净重（千克） 2 000

[R] 集装箱号 HALU2839468/20/2280	随附单据 B：3122×××××××××××	生产厂家 上海胜光进出口公司

[S] 标记唛码及备注
INV06312
C/NO　1-600
MADEIN CHINA

项号	商品编号	商品名称\规格型号	数量及单位	[T] 最终目的国（地区）	单价	总价	币制	征免
1 03	20031011	小白蘑菇	800.00 千克	日本	25.00	20 000.00	USD	全免

请依据报关单的相关信息回答下列问题：

（1）① 报关单的名称：________________

② 贸易方式及说明：________________

③ 运抵国：________________

④ 最终目的国：________________

⑤ B 是什么监管证件：________________

⑥“备案号”栏的内容是什么？________________

（2）从报关单所填内容判断：为什么运抵国与最终目的国不为同一地区？

答：

（3）请描述该份报关单所对应的通关流程。

答：

3. 单证三

JG12　　　　**中华人民共和国海关**　　　　No.:

进出境快件 KJ1 报关单

报关单编号：

运营人名称：	进/出口岸：	运输工具航次：	进/出口日期：	总运单号码：		
序号	分运单号码	名　称	件数	重量（KG）	收/发件人名称	验放代码
兹声明以上申报无讹并承担法律责任。 （运营人报关专用章）　报关员：　申报日期：						
以　下　由　海　关　填　写						
海关签章：　经办关员：　日期：　查验关员：　日期：						

第一联

中华人民共和国海关总署监制

请依据报关单的相关信息回答下列问题：

（1）报关单的名称：________________

（2）报关单用途范围：________________

4. 单证四

中华人民共和国海关进口货物集中申报清单

海关编号：××××-××××-I-×××××××××

进口口岸	进口日期	申报日期	备案号
经营单位	运输方式	运输工具名称	提运单号
收货单位	贸易方式	许可证号	
集装箱号	起运国（地区）	装货港	
件数　　包装种类	毛重（千克）	净重（千克）	
随附单据	备注		
项号　商品编号　商品名称、规格型号	数量及单位	原产国（地区）　单价	总价　币制

请依据报关单的相关信息回答下列问题：

（1）报关单的名称：________________

（2）报关单用途范围：________________

四、报关单填制题（根据所给资料填制报关单）

1. 上海田野工具制造有限公司（3105226441）采用国产原料生产手工工具扳手（法定检验货物，无出口税，法定计量单位为千克）出口，于2014年4月24日申报，货物于2014年5月1出口。

SHANGHAI TIANYE TOOLS MANUFACTURE CO., LTD.

GANXIANG TOWN, JINSHAN DISTRICT, SHANGHAI, CHINA

TEL: 0086-21-65756125 INV.NO: TY068

FAX: 0086-21-65756125 DATE: APR.17, 2014

COMMERCIAL INVOICE

TO:

PT.HYCO LANGGENG

310 VIRA BOMBAY INDIA

FROM SHANGHAI, CHINA TO BOMBAY, INDIA VIA HONGKONG

B/L: 999-7278 6205 (M.A.W.B)

PAY BY T/T

SHIPPING MARK	DESCRIPTION OF GOODS	QTY (PCS)	UNIT PRICE (USD)	AMOUNT (USD)
	TOOLS		CPT BOMBAY	
	Double Open END Spanner			
N/M	8×10MM (MTM)	60 000	0.5	30 000.00
	10×12MM (MTM)	80 000	0.4	32 000.00
		TOTAL: 140 000		62 000.00

FREIGHT PREPAID USD 4 800

TOTAL AMOUNT: SAY U.S.DOLLARS SIXTY TWO THOUSAND ONLY.

WE HERE BY CERTIFY THAT THE ABOVE MENTIONED GOODS

ARE OF CHINESE ORIGIN

SHANGHAI TIANYE TOOLS MANUFACTURE. CO., LTD.

中华人民共和国出入境检验检疫
出境货物通关单

编号：500007895434489673

1. 发货人 上海田野工具制造有限公司			5. 标记及号码 N/M
2. 收货人 PT. HYCO LANGGENG			
3. 合同/信用证号	4. 输往国家或地区 印度		
6. 运输工具名称及号码 999-72786205	7. 发货日期 2014.5.1		8. 集装箱规格及数量
9. 货物名称及规格 工具扳手	10. H.S. 编码 82055900	11. 申报总值 62 000 美元	12. 数/重量、包装数量及种类 140 000 把/3 200KG

上述货物业经检验检疫，请海关予以放行。

本通关单有效期至　2014 年 5 月 30 日

签字：　　　　　　　　　　　　日期：2014 年 4 月 30 日

13. 备注

SHANGHAI TIANYE TOOLS MANUFACTURE CO., LTD.

GANXIANG TOWN, JINSHAN DISTRICT, SHANGHAI, CHINA

TEL: 0086-21-65756125 INV.NO: TY068

FAX: 0086-21-65756155 DATE: APR.17, 2014

PACKING LIST

TO: SHIPPING MARK

PT.HYCO LANGGENG N/M

DESCRIPTION OF GOODS	QTY (PCS)	CTNS	G.W. (KGS)	N.W. (KGS)	MEAS (CBM)
TOOLS Double Open End Spanner					
8×10MM (MTM)	60 000	600	1 200	1 080	12
10×12MM (MTM)	80 000	800	2 000	1 760	8
TOTAL:	140 000	1 400	3 200	2 840	20

SAY TOTAL PACKING IN ONE THOUSAND FOUR HUNDRED CARTONS

SHANGHAI TIANYE TOOLS MANUFACTURE. CO., LTD.

2200 上海海关	2233 浦东机场
2201 浦江海关	2210 浦东海关
2202 吴淞海关	2249 保税物流

中华人民共和国海关出口货物报关单

预录入编号：　　　　　　　　　　　　海关编号：

出口口岸	备案号	出口日期	申报日期	
经营单位	运输方式	运输工具名称	提运单号	
发货单位	贸易方式	征免性质	结汇方式	
许可证号	运抵国（地区）	指运港	境内货源地	
批准文号	成交方式	运费	保费	杂费
合同协议号	件数	包装种类	毛重（千克）	净重（千克）
集装箱号	随附单据		生产厂家	
标记唛码及备注				

项号	商品编号	商品名称/规格型号	数量及单位	最终目的国（地区）	单价	总价	币制	征免

税费征收情况

录入员 录入单位	兹声明以上申报无讹并承担法律责任	海关审单批注及放行日期（签章）
		审单 审价
报关员： 单位地址	申报单位（签章）	征税 统计
邮编 电话	填制日期	查验 放行

2. 重庆某汽车股份有限公司（500891×××）委托中基进出口公司（500696××××）出口一批汽车零部件。中基进出口公司于 2016 年 2 月 25 日向重庆海关申报出口，货物于当日离境。（法定计量单位：千克）

重庆海关 8000	重庆西永海关 8014	重庆保税 8012
重庆机场海关 8003	重庆车站办 8006	重庆邮办 8004

CHINA BASE IMPORT & EXPORT CO.，LTD.

2/F., THE FOREIGN TRADE BLDG NO.65 NORTH JIAN XIN RD. CHONGQING, CHINA

TEL: 0086-23-890×××××　FAX:0086-23-890×××××

Commercial Invoice

Invoice No.: CQCBD1410-0083

Customer: 客户名　Sammitr Green Power Company Limited

Your Order Number: CQCBD1410-0083

Order Date: Jan. 28th, 2016

Address: 903 PET CHKASEM ROAD, BANGWA ASIJAREN BANGKOK 10161

REF NO.: POSGP10-253
XD201410007

Phone: 0-2413-1523-5

Payment Term: BY T/T
(within 30 days after receiving the Proforma Invoice)

Item	Description（货物描述及规格）	Qty.	Unit Price (EUR)	Total Price (EUR)
1	SEPARATE SOLENOID COIL 12V FOR SOLENOID VALVE	10PCS	25	250
2	O-RING 9.8×1.9	50PCS	3	150
3	FUEL OUT JOINT(STRAIGHT)	10PCS	30	300
4	COOLANT PIPE	20PCS	110	2 200
5	T-PIECE FOR 6MM FUEL LINE HIGH PRESSURE BRASS	30PCS	12	360
6	P/T SENSOR	20PCS	50	1 000
7	O-RING OD×T 20.3×1.5 (VALVE BODY TO PLUNGER GUIDE)	50PCS	6	300
8	O-RING OD×T 7×1.9(MAIN VALVE SEAL)	50PCS	7	350
Made in China				4 910.00

Total(EUR)　　CIF CHONGQING

FOUR THOUSAND NINE HUNDRED AND TEN

CHINA BASE IMPORT & EXPORT CO., LTD.

2/F., THE FOREIGN TRADE BLDG NO.65 NORTH JIAN XIN RD. CHONGQING, CHINA

TEL: 0086-23-890××××× FAX:0086-23-890×××××

PACKING LIST

Customer: 客户名	Sammitr Green Power Company Limited	Invoice No. 账单号（发票号）	CQCBDE1410-0083
Address:	903 PET CHKASEM ROAD, BANGWA ASIJAREN BANGKOK 10161	Order Number:	CQCBDE1410-0083
		REF NO:	POSGP10-253 XD201410007
Phone:	0-2413-1523-5	Date（日期）:	JAN. 28th, 2016

Item	Description and Specication（货物描述及规格）	Qty. CTN	N.W.（kg）	G.W.（kg）
1	Auto Spare Parts	1	11.50	12.00
		Total:	11.50	12.00

TOTAL : 1 CARTON

The package will be delivered by AIR

Detail info:

#1 300×360×200mm 12kg

Note: Receiving the goods above, please inform us any defects or quantity incorrectness within 10 days and any quality problems within 30 days.

Shipper's Name and Address Shipper's Account Number ***CHINA BASE IMPORT & EXPORT CO., LTD.*** **THE FOREIGN TRADE BLDG** **NO.65 NORTH JIAN XIN RD. CHONGQING, CHINA**	NOT NEGOTIABLE **Air Waybill** Issued by
Consignee's Name and Address (Consignee's Account Number) **Sammitr Green Power Company Limited** **903 PET CHKASEM ROAD, BANGWA** **ASIJAREN BANGKOK 10161**	It is agreed that the goods described herein are accepted in apparent good order and condition (except as noted) for carriage SUBJECT TO THE CONDITIONS OF CONTRACT ON THE REVERSE HEREOF, ALL GOODS MAY BE CARRIED BY ANY OTHER MEANS. INCLUDING ROAD OR ANY OTHER CARRIER UNLESS SPECIFIC CONTRARY INSTRUCTIONS ARE GIVEN HEREON BY THE SHIPPER. THE SHIPPER'S ATTENTION IS DRAWN TO THE NOTICE CONCERNING CARIER'S LIMITATION OF LIABILITY. Shipper may increase such limitation of liability by declaring a higher value of carriage and paying a supplemental charge if required.
Issuing Carrier's Agent Name and City	
Agents IATA Code / Account No.	
Airport of Departure(Add. of First Carrier) and Requested Routing **BANGKOK BKK**	Accounting Information **FREIGHT COLLECT**

To	By First Carrier	To	By	To	By	Currency	Declared Value for Carriage	Declared Value for Customs
BKK	**KE**					**USD**	**NVD**	**NVD**

Airport of Destination	Flight/Date	Amount of Insurance	
BANGKOK BKK	**KE855/25 FEB.**		INSURANCE-If carrier offers insurance and such insurance is requested in accordance with the conditions thereof indicate amount to be insured in figures in box marked "amount of Insurance"

Handling Information

"NOTIFY PARTY-SAME AS CONSIGNEE"

No.of Pieces	Gross Weight	Rate Class	Chargeable Weight	Rate/Charge	Total	Nature and Quantity of Goods
1	**12**		**45**	**16**	**720**	Auto Spare Parts **21.6CM^3**

Prepaid Weight charge Collect	Other Charges
Valuation Charge	
Tax	
Total Other Charges Due Agent **120.00**	Shipper certifies that the particulars on the face hereof are correct and that insofar as any part of the consignment contains dangerous goods, such part is properly described by name and is in proper condition for carriage by air according to the applicable Dangerous Goods Regulations.
Total Other Charges Due Carrier	______________________ Signature of Shipper or his agent

Total Prepaid	Total Collect	
600.00		**Feb. 25, 2016 CHONG QING CHINA** Executed on____ at_____ Signature of issuing Carrier or as Agent
Currency Conversion Rates	CC Charges in des. Currency	

For Carrier's Use Only at Destination	Charges at Destination	Total Collect Charges	AIR WAYBILL NUMBER **KEW-51000788**

中华人民共和国海关出口货物报关单

预录入编号： 海关编号：

出口口岸	备案号	出口日期		申报日期
经营单位	运输方式	运输工具名称		提运单号
发货单位	贸易方式	征免性质		结汇方式
许可证号	运抵国（地区）	指运港		境内货源地
批准文号	成交方式	运费	保费	杂费
合同协议号	件数	包装种类	毛重（千克）	净重（千克）
集装箱号	随附单据			生产厂家
标记唛码及备注				

项号	商品编号	商品名称/规格型号	数量及单位	最终目的国（地区）	单价	总价	币制	征免

税费征收情况

录入员 录入单位	兹声明以上申报无讹并承担法律责任	海关审单批注及放行日期（签章）
		审单 审价
报关员： 单位地址	申报单位（签章）	征税 统计
邮编 电话	填制日期	查验 放行

3. 青岛玛拓商德有限公司（370223××××）自境外购入LG牌等离子显示器一批，用于生产高清等离子电视机。

商品编码	商品名称	申报要素	法定计量单位	监管条件
85299082	等离子显像组件及零件	品名、用途、品牌、型号	千克	

MATSUDA TELEVISION SYSTEMS CO.

LOT5, PRESIAN TENKU APUAN SITE 400 SHA ALAM SELANG DE MALAYSIA

Commercial Invoice

Invoice No. MTI 1411-0056

Custmer: MATSUDA QINGDAO CO., LTD.

Your Order Number: MTI 1411-0056

Order Date: Jan. 28th, 2014

Address: No. 128 WUHAN ROAD
QINGDAO
CHINA

REF NO.:

Phone:

Payment Term: BY T/T

Item	Description（货物描述及规格）	Qty.	Unit Price (EUR)	Total Price (EUR)
1	PDP MODULE 60 INCH Product model: YPPD-J001A	950ET	300	285 000
2	PDP MODULE 50 INCH Product model: YPPD-J00ZA	50ET	300	15 000
Made in MALAYSIA			300 000	

This Invoice:

CIF QINGDAO

Total (EUR)

three hundred thousand

BANK INFO	
Company Name:	MATSUDA TELEVISION SYSTEMS CO.
Company Address:	LOT5, PRESIAN TENKU APUAN SITE 400 SHA ALAM SELANG DE MALAYSIA
Beneficiary Bank:	BANK OF CHINA, Kuala Lumpur MALAYSIA
Bank Address:	
A/C:	838903149908091014
Bank Tel.:	
SWIFT:	

<table>
<tr><td>企业内部编号
SJ20131127</td><td>账册编号
E42229000020</td><td>预录入号
KP4222000019</td><td colspan="2">账册类型
便捷通关账册</td><td>监管方式</td><td>加工种类</td></tr>
<tr><td colspan="2">经营单位（370223××××）
青岛玛拓商德有限公司</td><td colspan="4">加工单位（370223××××）
青岛玛拓商德有限公司</td><td>外商公司</td></tr>
<tr><td>出口总额（USD）
88 000 000</td><td>出口货物项</td><td colspan="2">批文账册号
IT422200009</td><td colspan="2">批准证编号
青外一（0011）号</td><td>征免规定
3</td></tr>
<tr><td>进口总额（USD）
75 000 000</td><td>进口货物项</td><td>协议号</td><td colspan="3">仓库体积</td><td>仓库面积</td></tr>
<tr><td>生产能力（万美元）
6 000</td><td>最大周转金额（万美元）
3 000</td><td>成品率</td><td>损耗率
模式</td><td>录入日期
20131127</td><td>申报日期
20140105</td><td>结束有效期
20271127</td></tr>
<tr><td colspan="2">出口合同</td><td colspan="3">进口合同</td><td colspan="2">保税方式</td></tr>
<tr><td colspan="7">备注</td></tr>
</table>

便捷通关电子账册进口料件清单

账册序号	状态	海关编码	附加编码	商品名称	商品规格	申报计量单位	法定计量单位一	法定计量单位二	单价
1		85299082	00	高于显示器 60 寸		套	千克		
2		85299082	00	高于显示器 40 寸		套	千克		
3		85299082	00	高于显示器 50 寸		套	千克		

Shipper's Name and Address Shipper's Account Number **MATSUDA TELEVISION SYSTEMS CO.LTD** **LOT5, PRESIAN TENKU APUAN SITE 400 SHA ALAM SELANG DE MALAYSIA**	NOT NEGOTIABLE **Air Waybill** Issued by
Consignee's Name and Address[Consignee's Account Number] **MATSUDA TELEVISION QING DAO CO.,LTD** **No. 128 WUHAN ROAD** **QINGDAO 266000 P.R.CHINA**	It is agreed that the goods described herein are accepted in apparent good order and condition (except as noted) for carriage SUBJECT TO THE CONDITIONS OF CONTRACT ON THE REVERSE HEREOF, ALL GOODS MAY BE CARRIED BY ANY OTHER MEANS. INCLUDING ROAD OR ANY OTHER CARRIER UNLESS SPECIFIC CONTRARY INSTRUCTIONS ARE GIVEN HEREON BY THE SHIPPER. THE SHIPPER'S ATTENTION IS DRAWN TO THE NOTICE CONCERNING CARIER'S LIMITATION OF LIABILITY. Shipper may increase such limitation of liability by declaring a higher value of carriage and paying a supplemental charge if required.
Issuing Carrier's Agent Name and City	
Agents IATA Code / Account No.	
Airport of Departure(Add. of First Carrier) and Requested Routing **K.LUMPUR,MALAYSIA**	Accounting Information **FREIGHT PREPAID**

To	By first carrier	To	By	To	By	Currency	Declared Value for Carriage	Declared Value for Customs
PK	**KE**	**QD**	**CA**			**USD**	**NVD**	**NVD**

Airport of Destination	Flight/Date	Amount of Insurance	
QINGDAO CHINA	**KE855/10 FEB.**		INSURANCE-If carrier offers insurance and such insurance is requested in accordance with the conditions thereof indicate amount to be insured in figures in box marked "amount of Insurance"

Handling Information
"NOTIFY PARTY-SAME AS CONSIGNEE"

No.of Pieces	Gross Weight	Rate Class	Chargeable Weight	Rate/Charge	Total	Nature and Quantity of Goods
52	**1 630**		**1 500**	**AS ARRANGED**		TV-Parts **31.638**CM^3

Prepaid Weight charge Collect AS ARRANGED	Other Charges
Valuation Charge	
Tax	
Total Other Charges Due Agent	Shipper certifies that the particulars on the face hereof are correct and that insofar as any part of the consignment contains dangerous goods, such part is properly described by name and is in proper condition for carriage by air according to the applicable Dangerous Goods Regulations.
Total Other Charges Due Carrier	______________________ Signature of Shipper or his agent

Total Prepaid	Total Collect AS ARRANGED	**Feb. 10. 2016 K.LUMPUR,MALAYSIA** Executed on____at____ Signature of Issuing Carrier or as Agent
Currency Conversion Rates	CC Charges in des. Currency	

For Carrier's Use Only at Destination	Charges at Destination	Total Collect Charges	AIR WAYBILL NUMBER **KEW-51000999**

MATSUDA TELEVISION SYSTEMS CO.

LOT5, PRESIAN TENKU APUAN SITE 400 SHA ALAM SELANG DE MALAYSIA

PACKING LIST

Custmer:	MATSUDA QINGDAO CO., LTD.	Invoice No.:	MTI 1411-0056
Address:	NO. 128 WUHAN ROAD, QINGDAO, CHINA	Order Number:	MTI 1411-0056
		REF　NO.:	
Phone：		Date:	JAN. 28th, 2014

Item	Description and Specication（货物描述及规格）	Qty.	N.W.（kg）	G.W.（kg）
1-50	PDP MODULE 60 INCH Product model: YPPD-J001A	950	1 450	1 565
51-52	PDP MODULE 50 INCH Product model: YPPD-J002A	50	50	65
		Total:	1 500	1 630

TOTAL :　　52　　CARTON

The package will be delivered by AIR

Note: Receiving the goods above, please inform us any defects or quantity incorrectness within 10 days and any quality problems within 30 days.

中华人民共和国海关进口货物报关单

预录入编号： 海关编号：422220141125800128

进口口岸	备案号	进口日期		申报日期
经营单位	运输方式	运输工具名称		提运单号
收货单位	贸易方式	征免性质		征税比例
许可证号	起运国（地区）	装货港		境内目的地
批准文号	成交方式	运费	保费	杂费
合同协议号	件数	包装种类	毛重（千克）	净重（千克）
集装箱号	随附单据		用途	
标记唛头及备注				

项号	商品编号	商品名称/规格型号	数量及单位	原产国（地区）	单价	总价	币制	征免

税费征收情况

录入员 录入单位	兹声明以上申报无讹并承担法律责任	海关审单批注及放行日期（签章） 审单 审价
报关员 单位地址	申报单位（签章）	征税 统计
邮编 电话	填制日期	查验 放行

4. 郑州桑达汽车配件有限公司（410123××××）从境外购得硫化制橡胶管一批，销售给郑州东风日产汽车公司，用于汽车油路的连接装配。该批货物的承运人于 2014 年 2 月 14 日向上海外港海关（2225）申报运输工具进境。天地运输有限责任公司（该批货物的国内运输代理）于 2014 年 2 月 20 日向外港海关办理货物转关手续，该批货物于 2014 年 3 月 15 日转关至郑州海关（4601），郑州报关公司受郑州桑达汽车配件有限公司委托，于 2014 年 4 月 15 日向郑州海关申报该批货物进口（品名：硫化制橡胶管。外观：成卷。用途：用于汽车油路的连接装配。品牌：YONE。材质构成：硫化橡胶；未装有附件）。

商品编码	商品名称	申报要素	法定计量单位	监管条件
40093100	加强或与纺织材料合制硫化橡胶管	品名、用途、品牌、型号、外观、材质构成、是否装有附件	千克	

TANGREN&CO.,LTD.

8-30,CHUO-KU,TOKYO,1006 JAPAN TEL +81-3-3564-9867

Commercial Invoice

Custmer: 客户名　SANGDA ZHENG ZHOU AUTOMOTIVE CO., LTD.

Your Order Number: 111K0-9055C

Order Date: JAN. 22th, 2014

Address: NO. 28 JIEFANG ROAD ZHENG ZHOU CHINA

ERF NO.: PJ009

Phone:

Payment Term: 100% ADVANCE PAYMENT PRIOR TO SHIPMENT

DESCRIPTION OF GOODS	QUANTITY	UNIT PRICE	AMOUNT
MEIJI HOSE		CIF ZHENG ZHOU	
1 PAS HOSE H29 (500M/REEL)	6,000 M	¥674.50	¥4,047,000
2 PAS HOSE C29P (600M/REEL)	1,200 M	¥521.28	¥625,536
TOTAL Quantity:	7,200 M	TOTAL:	¥4,672,536

FOR TAKUJI MATSUZAWA
GENERAL MANAGER
OVERSEAS OPERATIONS DEPARTMENT

TANGREN & CO.,LTD.

8-30,CHUO-KU,TOKYO,1006 JAPAN TEL +81 -3-3564-9867

PACKING LIST

Custmer: SANGDA ZHENG ZHOU AUTOMOTIVE CO., LTD.

Invoice No.: 111K0-9055C

Address: NO. 28 JIEFANG ROAD ZHENG ZHOU CHINA

Order Number: 111K0-9055C

REF NO.: PJ009

Phone:

Date: JAN. 22th, 2014

C/ NO.	DESCRIPTION OF GOODS	QUANTITY	WEIGHT (NET)	WEIGHT (GROSS)	MEASUREMENT
MEIJI HOSE			KGS	KGS	M^3
3-14	PAS HOSE H29 (500M/REEL)	6,000 M			
1-2	PAS HOSE C29P (600M/REEL)	1,200 M			
TOTAL		7,200 M	1,830.0	2,138.0	7.855

FOR TAKUJI MATSUZAWA
GENERAL MANAGER
OVERSEAS OPERATIONS DEPARTMENT

上海泛亚航运有限公司
Shanghai PANASIA Shipping Co., Ltd.

ORIGINAL

TLX: 33057 PANASIA CN
FAX: +86(21) 65953197

PORT TO PORT OR COMBINED TRANSPORT BILL OF LADING

1. Shipper　Insert Name Address and Phone/Fax	Booking No.	Bill of Lading No.
TANGREN & CO.,LTD. 8-20, CHUO-KU, TOKYO, 0061 JAPAN TEL:03-3564-9867 FAX:03-3562-0617	5120903520	PASU5120903520
	Export References DUPLICATE	
2. Consignee　Insert Name Address and Phone/Fax SANG DA ZHENGZHOU AUTOMOTIVE CO.,LTD NO.28 JIE FANG ROAD ZHENG ZHOU	Forwarding Agent and References FMC/CHB No. Point and Country of Origin	印紙税申告納 付に付き麹町 税務署承認済
3. Noti[redacted]y　Insert Name Address and Phone/Fax　(It is agreed that no responsibility shall attach to the Carrier or his agents for failure to notify) SAME AS CONSIGNEE TEL: 86-39-5233456 FAX: 86-39-5278392	Also Notify Party-routing & Instructions	

4. Combined Transport* Pre-Carriage by	5. Combined Transport*Place of Receipt		
	YOKOHAMA, JAPAN CY		
6. Ocean Vessel Voy. No. WARNOW CARP 040W	7. Port of Loading YOKOHAMA, JAPAN	Service Contract No.	Commodity Code
8. Port of Discharge SHANGHAI, CHINA	9. Combined Transport* Place of Delivery ZHENG ZHOU CY	Type of Movement FCL / FCL	CY-CY

Marks & Nos. Container / Seal No.	No. of Container or Packages	Description of Goods (If Dangerous Goods, See Clause 20)	Gross Weight	Measurement
SANG DA ZHENG ZHOU AUTOMOTIVE "MEIJI" HOSE CASE NO.:1-14 MADE IN JAPAN	14 REELS	"SHIPPER'S LOAD & COUNT" "SAID TO CONTAIN" MEIJI HOSE	2138KGS	7.8550CBM
"FREIGHT PREPAID AS ARRANGED" ON CY-CY TERM				
CBHU5873489 /JF285843	/	14 REELS /FCL / FCL	/20GP/	

Declared Cargo Value US$	Description of Contents for Shipper's Use Only (Not part of This B/L Contract)
10. Total Number of Containers and/or Packages (in words) Subject to Clause 7 Limitation	SAY ONE CONTAINER TOTAL

11. Freight & Charges	Revenue Tons	Rate	Per	Amount	Prepaid	Collect	Freight & Charges Payable at / by

Received in external apparent good order and condition except as otherwise noted. The total number of the packages or units stuffed in the container, the description of the goods and the weights shown in this Bill of Lading are furnished by the merchants, and which the carrier has no reasonable means of checking and is not a part of this Bills of Lading contract. The carrier has issued 3 original Bills of Lading, all of this tenor and date, one of the original Bills of Lading must be surrendered and endorsed or signed against the delivery of the shipment and whereupon any other original Bills of Lading shall be void. The merchants agree to be bound by the terms and conditions of this Bill of Lading as if each had personally signed this Bill of Lading.
*Applicable Only When Document Used as a Combined Transport Bill of Lading.

Date Laden on Board 5 FEB.2014 M

Signed by: Ma Bo
COSCO Container Lines Japan Co.,Ltd AS AGENT

9805 Date of Issue 5 FEB.2014 Place of Issue TOKYO

Signed for the Carrier, SHANGHAI PANASIA SHIPPING CO.,LTD.

CNT120088961

中华人民共和国海关进口货物报关单

预录入编号：　　　　　　　　　　　　　　　海关编号：422220141125800128

进口口岸	备案号	进口日期	申报日期	
经营单位	运输方式	运输工具名称	提运单号	
收货单位	贸易方式	征免性质	征税比例	
许可证号	起运国（地区）	装货港	境内目的地	
批准文号	成交方式	运费	保费	杂费
合同协议号	件数	包装种类	毛重（千克）	净重（千克）
集装箱号	随附单据		用途	
标记唛头及备注				

项号	商品编号	商品名称/规格型号	数量及单位	原产国（地区）	单价	总价	币制	征免

税费征收情况

录入员　录入单位	兹声明以上申报无讹并承担法律责任	海关审单批注及放行日期（签章） 审单　审价
报关员 单位地址	申报单位（签章）	征税　统计
邮编　电话	填制日期	查验　放行

5. 某复合材料有限公司（500493××××）于2015年4月2日持C800114×××××手册向上海洋山海关申报出口玻璃纤维纱一批（法定计量单位：千克）。

POLYCOMP INTERNATIONAL CORP

Commercial Invoice

Invoice No.: 001177

Custmer: Sammitr GOLD Power Company Limited

Your Order Number: 1010-0083

Order Date: OCT. 28th, 2013

Address: **S-120 30 Stockholm,Sweden**

CONTRACT NO.: POSGP10-253

Phone:

Payment Term: BY T/T 60DAY

FROM: YANG SHAN PORT, CHINA　TO: HELSINKI PORT, Finland

Item	Description	Qty. Kg	Unit Price (USD)	Total Price (USD)
1	EC E225 1/2 3.85 Y_3	560	4	2 240
2	EC G200 1/2 4.0 B_4 **Y1**	600	5	3 000
3	EC G335 1/2 4.0 B_4 **Y1**	700	6	4 200
4	EC G450 1/2 4.0 B_4 **Y_4**	300	7	2 100
Made in China				DDU
Stockholm USD 11 540				

Total This Invoicc(USD)　ELEVEN THOUSAND FIVE HUNDRED AND FORTY

POLYCOMP INTERNATIONAL CORP

PACKING LIST

Custmer:	Sammitr GOLD Power Company Limited	Invoice No.:	001177
Address:	S-120 30 Stockholm,Sweden	Order Number:	1010-0083
		CONTRACT NO.:	POSGP10-253
Phone:		Date:	OCT. 28th, 2013

MARK NUMBERS	Description and Specication	Qty.	N.W. (kg)	G.W. (kg)
M/N	EC E225 1/2 3.85 Y_3	500	500	510
	EC G200 1/2 4.0 B_4 **Y1**	600	600	620
	EC G335 1/2 4.0 B_4 **Y1**	700	700	750
	EC G450 1/2 4.0 B_4 **Y_4**	300	300	350
	Total:		2 100	2 130

PACKAGE NO.	QUANTITY (KG)	NET WEIGHT (KG)	GROSS WEIGHT (KG)	MEASUREMENT
3 PALLET	2 100	2 100	2 130	0.8CM^3

<table>
<tr><td colspan="4">1) SHIPPER
POLYCOMP INTERNATIONAL CORP</td><td colspan="4" rowspan="6">10) B/L NO.
CNQC70427A

COSCO
中国远洋运输（集团）总公司
CHINA OCEAN
HIPPING(GROUP)CO.
ORIGINAL

COMBINED TRANPORT
BILL OF LADING</td></tr>
<tr><td colspan="4">2) CONSIGNEE
Sammitr　GOLD Power Company Limited</td></tr>
<tr><td colspan="4">3) NOTIFY PARTY
Sammitr　GOLD Power Company Limited</td></tr>
<tr><td colspan="2">4) PLACE OF RECEIPT
SHANGHAI</td><td colspan="2">5) OCEAN VESSEL 船名
JIYUNJ1003</td></tr>
<tr><td colspan="2">6) VOYAGE NO.船名 航次
JIYUNJ1003　V.1209E</td><td colspan="2">7) PORT OF LOADING 装运港
YANGSHAN</td></tr>
<tr><td colspan="2">8) PORT OF DISCHARGE
卸货港
HELSINKI</td><td colspan="2">9) PLACE OF DELIVERY
目的港</td></tr>
<tr><td colspan="8">11) MARKS　12) NOS.&KINDS OF PKGS　13) DESCRIPTION OF GOODS　14) G.W.(kg)　15) MEAS(m^3)</td></tr>
<tr><td colspan="8">M/N　POLYCOMP　2 130　0.8 m^3
3 PALLETS　CONTRACR NO: POSGP10-253

MADE IN CHINA

1×20 MAEU6134299　FREIGHT PREPAID</td></tr>
<tr><td colspan="8">16) TOTAL NUMBER OF CONTAINERS OR PACKAGES(IN WORDS)
SAY ONE (1×20DC)CONTAINER ONLY</td></tr>
<tr><td colspan="2">FREIGHT & CHARGES</td><td>REVENUE TONS</td><td>RATE</td><td>PER</td><td>PREPAID</td><td colspan="2">COLLECT</td></tr>
<tr><td colspan="2">PREPAID AT</td><td colspan="2">PAYABLE AT</td><td colspan="4">17) PLACE AND DATE OF ISSUE</td></tr>
<tr><td colspan="2">TOTAL PREPAID</td><td colspan="2">18) NUMBER OF ORIGINAL B(S)L</td><td colspan="4"></td></tr>
<tr><td colspan="4">LOADING ON BOARD THE VESSEL

19) DATE</td><td colspan="4">20) BY</td></tr>
</table>

中华人民共和国海关出口货物报关单

预录入编号：　　　　　　　　　　　　　　　　　　海关编号：

出口口岸	备案号	出口日期		申报日期
经营单位	运输方式	运输工具名称		提运单号
发货单位	贸易方式	征免性质		结汇方式
许可证号	运抵国（地区）	指运港		境内货源地
批准文号	成交方式	运费	保费	杂费
合同协议号	件数	包装种类	毛重（千克）	净重（千克）
集装箱号	随附单据			生产厂家
标记唛码及备注				

项号	商品编号	商品名称/规格型号	数量及单位	最终目的国（地区）	单价	总价	币制	征免

税费征收情况

录入员　录入单位	兹声明以上申报无讹并承担法律责任	海关审单批注及放行日期（签章）
		审单　　审价
报关员： 单位地址	申报单位（签章）	征税　　统计
邮编　　电话	填制日期	查验　　放行

6. 大连星海工业有限公司（2102947799）在投资总额外使用自有资金进口全伺服绑扎机一台，货物由大连金海国际贸易有限公司（2102913254）代理进口。保险费率 3‰。

COMMERCIAL INVOICE

For Account of	Invoice No.	Date
Dalian Jinhai International Trade Co., Ltd.	IS25344	May 14, 2014
No.256. Binhai Street Da Lian, China.	Country of Origin	Country of Destination
	Japan	China
	Remarks	
	Contract No. WE1264ZY5467	
	Our ref. No. 1675464	
	L/C No. 54672818468464	

Transportation		Terms
Shipper per: CSCL LE HAVRE V.514W	On or about: May 29, 2014	90% of total invoice value shall be paid at sight and the remainder 10% of total invoice value shall be paid at sight against the acceptance stamped and signed by two parties
From: Yokohama, Japan	To: Dalian, China	

Case No. Item	*Description of Goods*	*Unit*	*Q'ty*	*Amount* C&F Dalian port
	Double coil end lacing machine LAW-2TS（全伺服绑扎机）	JPY13 600 000	1 set	JPY13 600 000
		Total:	1 set	JPY13 600 000

MARKS:

DALIAN　　　　Origin: Japan

C/No. 1-4　　　　Four wooden case only

MADE IN JAPAN

SUN PLANT INDUSTRY CO., LTD.

WEIGHT MEMO/PACKING LIST

For Account of	Invoice No.	Date
Dalian Jinhai International Trade Co., Ltd.	TS25344	May 14, 2014
No.256. Binhai Street Da Lian, China.	Country of Origin	Country of destination
	Japan	China
	Remarks	
	Contract No. WE1264ZY5467	
	Our ref. No. 1675464	
	L/C No. 54672818468464	

Transportation		Case Mark
Shipper per.	On or about.	DALIAN
CSCL LE HAVRE V.514W	May 29, 2014	C/No. 14
From:	To:	MADE IN JAPAN
Yokohama, Japan	Dalian, China	

Case No. Item	*Description of Goods*	*CTNR*	*Q'ty*	*Net WT* kg	*Gross WT* kg
1-4	Double coil end lacing machine LAW-2TS（全伺服绑扎机）	HJCU743649	1 set	1 150	1 470
		Total:	1 set	2 880	3 580

Dimension 6.73 m^3

SUN PLANT INDUSTRY CO., LTD.

进出口货物征免税证明

编号：Z09011477998

<table>
<tr><td colspan="2">申请单位</td><td>大连星海工业有限公司</td><td>征免性质/代码</td><td colspan="3">鼓励项目/789</td><td colspan="2">审批依据</td><td colspan="3"></td></tr>
<tr><td colspan="2">发证日期</td><td>2014年3月11日</td><td>有效期</td><td colspan="8">2014年3月11日至2014年9月11日</td></tr>
<tr><td colspan="2">到货口岸</td><td>大连</td><td>合同号</td><td colspan="8">WE1264ZY5467</td></tr>
<tr><td rowspan="2">序号</td><td rowspan="2">商品名称</td><td rowspan="2">规格型号</td><td rowspan="2">商品编码</td><td rowspan="2">数量</td><td rowspan="2">单位</td><td rowspan="2">金额</td><td rowspan="2">币制</td><td colspan="3">海关减免税审批意见</td></tr>
<tr><td>关税</td><td>增值税</td><td>其他</td></tr>
<tr><td>1</td><td>伺服绑扎机</td><td>LAW-2TS</td><td>84224000</td><td>1</td><td>套</td><td>13 600 000</td><td>JPY</td><td>0</td><td>17%</td><td></td></tr>
<tr><td>2</td><td></td><td></td><td></td><td></td><td></td><td></td><td></td><td></td><td></td><td></td></tr>
<tr><td>3</td><td></td><td></td><td></td><td></td><td></td><td></td><td></td><td></td><td></td><td></td></tr>
<tr><td>4</td><td></td><td></td><td></td><td></td><td></td><td></td><td></td><td></td><td></td><td></td></tr>
<tr><td colspan="2">备注</td><td colspan="9"></td></tr>
<tr><td colspan="2">审批海关签章

年　月　日</td><td colspan="3">核放海关签章

年　月　日</td><td colspan="6">注意事项：
1. 本表使用一次有效。如同一合同货物分口岸进口的，应分别填写，一份合同内货物分期到货的，应向审批海关申明，并按到货期分填此表。
2. 此表中“项目名称”栏应按减免税项目填写，如技术改造、世行贷款等。
3. 货物进口时应向海关交验本表，复印件无效。
4. 自签发之日起半年内有效，逾期应向原审批海关申请展期或退单。
5. 经批准进口的货物，如拟移作他用、转让或出售，原申请免税单位应事先报请原批准海关核准，并应按法律补税；否则，海关将依法处理。</td></tr>
</table>

资料4

Shipper Insert Name, Address and Phone ODAWRA ENGINEERING CO., LTD. 2597 YOSHIDAJIMA, KAISEI-MACHI, ASHIGARAKAML MANAGAWA2164-.01634 JAPAN TEL: ×××× FAX: ××××	B/L No. JCS054C070Y54
Consignee Insert Name, Address and Phone TO ORDER	JAPAN EXPRESS CO.,LTD.
Notify Party Insert Name, Address and Phone Dalian Jinhai International Trade Co., Ltd. No.256 Binhai Street Da Lian, China.	**BILL OF LADING**

Place of Receipt YOKOHAMA CY	Pre-carriage by
Ocean Vessel/Voy. No. CSCL LE HAVRE V. 514W	Port of Loading YOKOHAMA, JAPAN
Port of Discharge DALIAN	For Tanshipment to (if on-carriage)

Particulars furnished by the Merchant

Marks & Nos	No. of p'kgs or units	Kind of Packages/Description of Goods	G/Weight(kg)	Measurement (m^3)
DALIAN C/No. 1-4 MADE IN JAPAN	4 wooden case	-SHIPPER'LOAD& COUNT- 1×20FT CONTAINERS SAID TO CONTAIN:	1 470kg	6.73m^3
HJCU743649 TARE 2 280kg	1PKGS	4 PACKAGES IN TOTAL Double coil end lacing machine LAW-2TS		
		L/C No 54672818468464 UNDER CONTRACT No. WE1264ZY5467		
FREIGHT PREPAID				

TOTAL NUMBER OF CONTAINERS OR PACKAGES (IN WORDS) SAY: TWO CONTAINER ONLY

FREIGHT & CHARGES	Weight/Measurement	Rate	Per	Prepaid	Collect
				JPY54 000	

中华人民共和国海关进口货物报关单

预录入编号： 海关编号：090120141125800133

进口口岸	备案号	进口日期		申报日期	
经营单位	运输方式	运输工具名称		提运单号	
收货单位	贸易方式	征免性质		征税比例	
许可证号	起运国（地区）	装货港		境内目的地	
批准文号	成交方式	运费	保费	杂费	
合同协议号	件数	包装种类	毛重（千克）	净重（千克）	
集装箱号	随附单据			用途	
标记唛头及备注					

项号	商品编号	商品名称 / 规格型号	数量及单位	原产国（地区）	单价	总价	币制	征免

税费征收情况

录入员 录入单位	兹声明以上申报无讹并承担法律责任	海关审单批注及放行日期（签章） 审单 审价
报关员 单位地址	申报单位（签章）	征税 统计
邮编 电话	填制日期	查验 放行

7. 浙江西服公司从苏州钮扣公司购入一批钮扣，用于加工外销服装。

SUZHOU BUTTON CO., LTD

NO.65 NORTH JIEFANG RD.SUZHOU, CHINA

TEL: 0086-××-98019010-243　　FAX: 0086-××-76698045

Invoice & PACKING LIST

Invoice No.: KH2014345
账单号（发票号）

Custmer: ZHEJIANG Western-style Clothes Power Company Limited
客户名

Your Order Number:
订单号：

Order Date（订单日期）：

Address: JIE FANG RD.CHANG ZHOU

REF NO.:

Phone:

Payment Term: BY T/T
(within 30 days after receiving the Proforma Invoice)

FROM SU ZHOU TO CHANG ZHOU
SHIPPED PER: TRUCK

Description	Qty.	G.W.	N.W.(KG)	UNIT PRICE(RMB)	AMOUNT
铜扣	20 000	200	180	0.4	8 000
塑料扣	50 000	100	90	0.1	5 000
TOTAL	70 000	300KG	270KG		RMB13 000

PACKED IN: 50 package

中华人民共和国海关加工贸易保税货物深加工结转申请表

申请表编号：TP5789000000189

×××______海关：

我____苏州钮扣______公司（企业）需与____浙江西服______________公司（企业）结转保税货物，特向你关申请，并保证遵守海关法律和有关监管规定。

	项号	商品编号	品名	规格型号	数量	单位	转出手册号
结转出口货物情况	1	96062200	铜扣		20 000	颗	C23561798577
	2	96062100	塑料扣		50 000	颗	
	3						
	4						
说明							
	项号	商品编号	品名	规格型号	数量	单位	转出手册号
结转进口货物情况	1	96062200	铜扣		20 000	颗	E23061234156
	2	96062100	塑料扣		50 000	颗	
	3						
	4						

转出企业法定代表：　电话： 报关员：　电话： （企业盖章） 年　月　日	转入企业法定代表：　电话： 报关员：　电话： （企业盖章） 年　月　日
转出地海关： 苏州海关　（海关盖章） 年　月　日	转入地海关： 常州海关　（海关盖章） 年　月　日
海关批注	

本表一式四联，第一、二联海关留存，第三、四联企业办理报关手续

中华人民共和国海关进口货物报关单

预录入编号：　　　　　　　　　　　　　　　　海关编号：090120141125800133

进口口岸	备案号	进口日期		申报日期
经营单位	运输方式	运输工具名称		提运单号
收货单位	贸易方式	征免性质		征税比例
许可证号	起运国（地区）	装货港		境内目的地
批准文号	成交方式	运费	保费	杂费
合同协议号	件数	包装种类	毛重（千克）	净重（千克）
集装箱号	随附单据		用途	
标记唛头及备注				

项号	商品编号	商品名称/规格型号	数量及单位	原产国（地区）	单价	总价	币制	征免

税费征收情况

录入员　录入单位	兹声明以上申报无讹并承担法律责任	海关审单批注及放行日期（签章） 审单　　审价
报关员 单位地址	申报单位（签章）	征税　　统计
邮编　　电话	填制日期	查验　　放行

8. 成都禾瑞有限责任公司（海关企业管理类别 A 类）经主管海关审核，同意其采用“属地申报，口岸验放”通关模式。该公司 2016 年 11 月在上海外港口岸进境鱼粉一批，请根据如下随附资料填写进口报关单（外港海关 2228，通关单号码：500400112000978965）。

COMMERCIAL INVOICE

HONOROAD VIETNAM AQUATIC FEED

INGREDIENT PROCESSING CO., LTD.

Lot 25,Tra Noc Industrial Park 1, Can Tho City, Vietnam.

Tel: 84-7103-743886 **Fax:** 84-7103-743889

INVOICE NO.: 14HV030	DATE: OCTOBER 04, 2016		
TO:BALLY TRADING AND INVESTMENT LIMITED	PORT OF LOADING: HOCHIMINH PORT, VIETNAM		
SUITE LG01, CHANCERY HOUSE, CHANCERY LANE, LONDON, WC2A 1QU, ENGLAND	PORT OF DESTINATION: CHENG DU PORT, CHINA SHIPMENT: BY VESSEL		
PAYMENT: T/T 90 DAYS	CONTRACT No.: 14HRlAFIP030		DATE: SEPTEMBER 19, 2016
PRODUCT DESCRIPTION	QUANTITY (MTS)	UNIT PRICE (USD/MT)	TOTAL AMOUNT (USD)
AS PER CONTRACT NO.14HR-AFIP030 COMMODITY: FISHMEAL (PANGASIUS HYPOPHTHALMUS) STEAMDRIED (ORIGIN: VIETNAM) UNIT PRICE: USD1 050.00/MT PRICE/TRADE TERM: CIF CHENG DU PORT, CHINA	300.260	1 050	315 273.00
TOTAL	300.260	1 050	315 273.00

TOTAL AMOUNT IN WORDS: U.S. DOLLARS THREE HUNDRED FIFTEEN THOUSAND, AND TWO HUNDRED SEVENTY THREE ONLY.

HONOROAD VIETNAM AQUATIC FEED INGREDIENT PROCESSING CO., LTD.

Chief Accountant

PACKING LIST

HONOROAD VIETNAM AQUATIC FEED
INGREDIENT PROCESSING CO., LTD.
Lot 25,Tra Noc Industrial Park 1, Can Tho City, Vietnam.
Tel: 84-7103-743886　**Fax:** 84-7103-743889

INVOICE NO.: 14HV030	DATE: OCTOBER 04, 2016				
TO:CHENG DU HERUI CO.,LTD	PORT OF LOADING: HOCHIMINH PORT, VIETNAM				
NO.179 CHUNXI ROAD, JIN NIU DISTRICT, CHENG DU, P.R.CHINA	PORT OF DESTINATION: CHENG DU PORT, CHINA VESSEL NAME:VULKAN V.1214				
PAYMENT: T/T 90 DAYS	CONTRACT NO.: 14HRIAFIP030			DATE: SEPTEMBER 19, 2016	
COMMODITY: FISHMEAL	CONTANIER NO.	QUANTITY (BAGS)	N.W. (KGS)	G.W. (KGS)	MEASURE MENT(CBMS)
(PANGASIUS HYPOPHTHALMUS)	MRKU7789	3 000	150 000	150 200	160
STEAMDRIED (ORIGIN: VIETNAM) CIF CHENG DU PORT, CHINA	ANSF9945	3 004	150 180	150 780	190
TOTAL		6 004	300 180	300 980	350

GOODS OF ORIGINAL:VIETNAM

HONOROAD VIETNAM AQUATIC FEED INGREDIENT PROCESSING CO., LTD.

Chief Accountant

BILL OF LANDING

Shipper HONOROAD VIETNAM AQUATIC FEED INGREDIENT PROCESSING CO., LTD. Lot 25,Tra Noc Industrial Park 1, Can Tho City, Vietnam. **Tel:** 84-7103-743886 **Fax:** 84-7103-743889	**B/L No. 920728567** **Honour Lane Shipping Ltd.** **Bill of Lading**
Consignee CHENG DU HERUI CO.,LTD.	
Notify party CHENG DU HERUI CO.,LTD. NO.179 CHUNXI ROAD, JIN NIU DISTRICT , CHENG DU, P.R.CHINA TEL:××××××××	

Pre-Carriage by	Place of receipt
Vessel Voy.No. VULKAN V.1214	Port of loading Can Tho City, Vietnam
Port of discharge CHENGDU	Place of delivery CHENGDU CY

Container No./Seal No. Marks and Numbers	No.of Containers or pkgs	Kind of Packages; Description of goods	Gross Weight	Measurement (CBM)
			300 980	350

COMMODITY: FISHMEAL
(PANGASIUS HYPOPHTHALMUS)
STEAMDRIED (ORIGIN: VIETNAM)
CIF CHENG DU PORT, CHINA

MSKU6789321 20 DRY 8'6 400BAG 20 000 KGS	MSKU6789356 20 DRY 8'6 500BAG 26 000 KGS
QRTU5798325 40 DRY 8'6 400BAG 18 000 KGS	QRTU3898345 40 DRY 8'6 400BAG 18 050 KGS
LTMF9324789 40 DRY 8'6 400BAG 18 048 KGS	LTMF4567789 40 DRY 8'6 402BAG 20 000 KGS
NHKU9084378 20 DRY 8'6 400BAG 20 000 KGS	KLKU7845986 20 DRY 8'6 400BAG 20 000 KGS
QRTU8768325 40 DRY 8'6 500BAG 26 000 KGS	QRTU3894321 40 DRY 8'6 400BAG 20 000 KGS
LTMF7896987 40 DRY 8'6 400BAG 20 000 KGS	LTMF5676543 40 DRY 8'6 402BAG 18 000 KGS
GFDY3498124 40 DRY 500BAG 26 000 KGS	ZHTR9007811 40 DRY 500BAG 26 000 KGS

Total No.of Containers or Packages (in words)
TOTAL 14 CONTAINERS

Freight and Charges	Revenue Tons	Rate Per	Prepaid	Collect
FREIGHT PREPAID				

Ex Rate	Prepaid at SAIGON	Payable at	Place and date of issue 10-11-2016
	Total prepaid	No. of original B(s)/L THREE(3)	

中华人民共和国海关进口货物报关单

预录入编号： 海关编号：79032016112580000l

进口口岸	备案号	进口日期	申报日期	
经营单位	运输方式	运输工具名称	提运单号	
收货单位	贸易方式	征免性质	征税比例	
许可证号	起运国（地区）	装货港	境内目的地	
批准文号	成交方式	运费	保费	杂费
合同协议号	件数	包装种类	毛重（千克）	净重（千克）
集装箱号	随附单据		用途	
标记唛头及备注				

项号	商品编号	商品名称 / 规格型号	数量及单位	原产国（地区）	单价	总价	币制	征免

税费征收情况

录入员 录入单位	兹声明以上申报无讹并承担法律责任	海关审单批注及放行日期（签章） 审单 审价
报关员 单位地址	申报单位（签章）	征税 统计
邮编 电话	填制日期	查验 放行

五、报关单填制选择题

请根据所提供的原始单据，按照报关单填制规范的要求，在报关单相对应的选项中，选出最合适的一个答案。

（一）昆山素和进出口公司（3212935069）从香港购进一批硫化橡胶制密封圈（计量单位：千克）。该商品列进料对口合同手册第 7 项。经营单位于 2014 年 5 月 21 日自行向沪机海关（上海机场海关）申报进口。该批货物的国外运费为 1 000 美元，保险费为 100 美元。

SHENG RUI LIMITED

Rm. 1765, Ho Lik Centre, 70A Sha Tsui Road

Tsuen Wan, N.T., Hong Kong

INVOICE

For Account of:
KUN SHAN SU HE IMP. & EXP. CORPORATION
5/F JIEFANG COMMERCIAL BLDG,19JIEFANG RD.
KUNSHAN, CHINA

No.: OPL0211
Date: MAR. 19, 2014
Contract No.:14HK140401

To Supply:

Vulcanized rubber sealing ring
Diameter: AS568 \ AS569

CASE NO.	CODE NO.	QTY.	UNIT PRICE	AMOUNT
				CPT SHANGHAI
1	AS568	3 200PCS	USD2.50	USD8 000
2	AS569	3 200PCS	USD2.50	USD8 000
TOTAL:		6 400PCS		USD16 000

SHIPMENT: FROM CHICAGO USA TO SHANGHAI CHINA BY AIRFREIGHT
PAYMENT: BY TELEGRAPHIC TRANSFER
COUNTRY OF ORIGIN: USA
SHIPPING MARKS: SU HE /SHANGHAI/C/NO.1-2

SHENG RUI LIMITED
GEORGE HENSEN

E. & O. E.

SHENG RUI LIMITED

Rm. 1765, Ho Lik Centre, 70A Sha Tsui Road

Tsuen Wan, N.T., Hong Kong

PACKING LIST

For Account of:
KUN SHAN SU HE IMP. & EXP. CORPORATION
5/F JIEFANG COMMERCIAL BLDG,19JIEFANG RD.
KUNSHAN, CHINA

No.: OPL0211
Date: MAR. 19, 2014
Contract No.:14HK140401

To Supply:

Vulcanized rubber sealing ring

CASE NO.	CODE NO.	QTY.	DIMENSIONS	N. WT.	G. WT.
1	AS568	3 200PCS	0.321CBM	230KGS	250KGS
2	AS569	3 200PCS	0.321CBM	230KGS	250KGS
TOTAL:		6 480PCS	0.642CMB	460KGS	500KGS

PORT OF LOADING: CHICAGO, USA

SHENG RUI　LIMITED
GEORGE HENSEN

请根据以上资料，填制进口报关单以下栏目：

1.“进口口岸”栏应填报：（　　）。

A. 上海海关　B. 沪机海关　C. 上海　D. 上海港

2.“备案号”栏应填报：（　　）。

A. C××××××××××××　B. 此栏为空

C. B××××××××××××　D. D××××××××××××

3.“运输方式”栏应填报：（　　）。

A. 水路运输　B. 公路运输　C. 其他运输　D. 航空运输

4.“贸易方式”栏应填报：（　　）。

A. 来料加工　B. 进料加工　C. 进料对口　D. 一般贸易

5.“征免性质”栏应填报：（　　）。

A. 来料加工　B. 进料加工　C. 中外合资　D. 一般征税

6.“起运国（地区）”栏应填报：（　　）。

A. 美国　B. 香港　C. 日本　D. 韩国

7.“装货港”栏应填报：（　　）。

A. 香港　B. 九龙　C. 芝加哥　D. 新加坡

8.“境内目的地”栏应填报：（　　）。

A. 江苏昆山（32129）　B. 32129

C. 昆山市区（32129）　D. 此栏为空

9.“成交方式”栏应填报：（　　）。

A. CFR　B. CIF　C. CIP　D. CPT

10.“运费”栏应填报：（　　）。

A. 3 000　B. 502/3 000/2　C. 502/3 000/3　D. 此栏为空

11.“保费”栏应填报：（　　）。

A. USD100　B. 502/100/2　C. 502/100/3　D. 此栏为空

12.“件数”栏应填报：（　　）。

A. 6 480　B. 2　C. 1 060　D. 3

13.“包装种类”栏应填报：（　　）。

A. 集装箱　B. 托盘　C. 纸箱　D. 木箱

14.“集装箱号”栏应填报：（　　）。

A. 1　B. 0

C. TEXU7565012/20/2300　D. 此栏为空

15.“随附单据”栏应填报：（　　）。

A. C　B. B　C. 此栏为空　D. Z

16.“用途”栏应填报：（　　）。

A. 外贸自营内销（01）　B. 企业自用（04）

C. 加工返销（05）　D. 其他内销（03）

17.“标记唛码及备注”应填报：（　　）。

A. C××××××××××××　　B. 此栏为空

C. SU HE　　D. A 和 C

SHANGHAI

C/NO.1-2

18.“数量及单位”栏应填报：（　　）。

A. 460 千克　[第一行]　　B. 500 千克　[第一行]

C. 460 千克　[第一行]　　D. 460 千克　[第一行]

6 400 个　[第二行]　　6 400 个　[第三行]

19.“原产国（地区）”栏应填报：（　　）。

A. 日本　　B. 美国　　C. 香港　　D. 中国

20.“征免”栏应填报：（　　）。

A. 照章征税　　B. 全免　　C. 进料加工　　D. 特案

（二）华利达家具（中国）有限公司拟将部分加工的成品牛皮沙发内销，内销协议号：LH20140056。

加工贸易保税货物内销征税联系单

申报号：B52090160928P0001　　联系单号：B52090160928N0001

经营单位名称	华利达家具（中国）有限公司	经营单位编号	3223940094	加工单位名称	华利达家具（中国）有限公司	加工单位编号	3223940094
备案类型	电子手册	备案号	B52094160789	内销种类	折料件内销	内销批准证号	
主管海关	太平办	外网编号	7777134	操作员姓名		操作员卡号	
有效期		申报日期	2014-05-30	计息日期	2013-09-12		

序号	项号	商品编码	商品名称	规格型号	币制	法定数量申报数量	法定单位申报单位	法定单价申报单价	成交总价	原产国	备注
1	1	41071210	牛皮		人民币	30 75	千克 米	100 50	3 000	中国	
企业签字：											

中华人民共和国海关进口货物报关单

预录入编号： 海关编号：224820131×××××××××

进口口岸 洋山海关 2248	备案号 B52094160789	进口日期 20130912	申报日期 20130912
经营单位 华利达家具（中国）有限公司 3223940094	运输方式 水路运输	运输工具名称 LUO BAHE/0004E	提运单号
收货单位 华利达家具（中国）有限公司 3223940094	贸易方式 进料对口	征免性质 进料加工	征免税比例

许可证号	起运国（地区） 孟加拉	装运港 吉大港		境内目的地
批准文号	成交方式 CIF	运费	保费	杂费

合同协议号	件数	包装种类	毛重（千克）	净重（千克）

集装箱号 CBHU2604819/20/2280	随附单据	用途

标记号码及备注

项号	商品编号	商品名称	数量及单位	原产国（地区）	单价	总价	币制	征免
01	41071210	牛皮		印度	100	58 000	502	全免

税费征收情况

录入员 录入单位	兹申明以上申报无讹并承担法律责任	海关审单批注及放行日期（签章） 审单 审价
报关员 单位地址 邮编 电话	申报单位（签章） 填制日期	征税 统计 查验 放行

请根据以上资料，填制进口报关单以下栏目：

1.“运输方式”栏应填报：(　　)。

A. 水路运输　　B. 公路运输　　C. 其他运输　　D. 航空运输

2.“运输工具名称”栏应填报：(　　)。

A. LUO BAHE/0004E　　B. MILD LIN/105

C. LUO BAHE　　D. 空

3.“贸易方式”栏应填报：(　　)。

A. 来料加工　　B. 一般贸易　　C. 其他贸易　　D. 进料加工

4.“征免性质”栏应填报：(　　)。

A. 此栏为空　　B. 503　　C. 299　　D. 101

5.“成交方式”应填报：(　　)。

A. 1　　B. 2　　C. 3　　D. 4

6.“随附单据”栏：(　　)。

A. 此栏为空　　B. K: B52090160928N0001

C. c: B52090160928N0001　　D. B52090160928N0001

7.“用途”栏应填报：(　　)。

A. 01　　B. 04　　C. 05　　D. 03

8.“标记唛码及备注”应填报：(　　)。

A. 活期　　B. B52090160928N0001

C. 成品　　D. 此栏为空

9. 以下各栏目中，不得填报“142”的是(　　)。

A. 境内目的地　　B. 起运国（地区）

C. 币制　　D. 原产国

10.“备案号”栏应填报：(　　)。

A. B52090160928N0001　　B. B52090160928P0001

C. B52094160789　　D. 此栏为空

11.“币制”栏应填报：(　　)。

A. 110　　B. 142　　C. 303　　D. 300

12.“征免”栏应填报：(　　)。

A. 照章征税　　B. 全免　　C. 征免性质　　D. 保证金

13. 以下各栏目内容，内销进口报关单与料件原进口报关单相同的是：(　　)。

A. 进口口岸　　B. 商品名称、规格型号

C. 征免　　D. 用途

六、查找报关单填制错误（十处错误），并写出正确答案

(一) 辽宁海通有限责任公司（210124××××）在投资总额内进口数控三通道液压成型机（法定计量单位：台)。货物委托大连机械设备进出口公司（210291××××）与外商签约并代理进口，货物到港后由大连海韵货运有限公司（210298××××）代理进口报关。

全程运保费港币 23 000 元。入境货物通关单号：44210010305551。

COMMERCIAL INVOICE

<table>
<tr><td colspan="2">Shipper/Exporter
TIAN HONG, LTD.
KAI CHEUNG ROAD
KOWLOON BAY, HONG KONG</td><td colspan="3">No.& date of invoice
FNV-HG-001 DATED MAY 24,2016</td></tr>
<tr><td colspan="2">Consignee
DALIAN MECHINERY AND EQUIPMENT CORP.
×× ROAD, DALIAN, P.R.CHINA</td><td colspan="3">No.& date of L/C
L/C issuing bank
NIL</td></tr>
<tr><td colspan="2">Notify Party
ACCOUNTEE</td><td colspan="3" rowspan="3">Remarks:
COUNTRY OF ORIGIN:
THE FEDERAL REPUBLIC OF GERMANY
ORDER NO.:2008-LGGZ-040
TERMS:
FOB HAMBURG PORT AT SIGHT</td></tr>
<tr><td>Port of loading
HAMBURG PORT
GERMANY</td><td>Port of discharge
DALIAN PORT
CHINA</td></tr>
<tr><td>Vessel V.062S
STEVEN SEA</td><td>Sailing on or about
MAY 25,2014</td></tr>
<tr><td>Marks & Numbers of PKGS</td><td>Description of Goods</td><td>Quantity</td><td>Unit-Price(USD)</td><td>Amount(USD)</td></tr>
<tr><td></td><td>NC three channel hydraulic molding machine IST-750</td><td>1SET</td><td>200 000.00</td><td>200 000.00</td></tr>
<tr><td></td><td></td><td colspan="3">SPARE PARTS 1% INCLUDED</td></tr>
<tr><td colspan="2" rowspan="2">P/O No:2014-LGGZ-041
PACKAGE NO:
NET WEIGHT: KGS
GROSS WEIGHT: KGS
SIZE:L(CM)×W(CM)×H(CM)
ITEM:
MADE IN GERMANY</td><td colspan="2">SUBTOTAL:</td><td>200 000.00</td></tr>
<tr><td colspan="2">TOTAL:</td><td>200 000.00</td></tr>
<tr><td colspan="5" align="right">TIAN HONG LTD.</td></tr>
</table>

PACKING LIST

Shipper/Exporter TIAN HONG, LTD. KAI CHEUNG ROAD KOWLOON BAY, HONG KONG	No.& date of invoice FNV-HG-001　DATED MAY 24,2016
Consignee DALIAN MECHINERY AND EQUIPMENT CORP. ×× ROAD, DALIAN, P.R.CHINA	L/C issuing bank & No. NIL
Notify Party ACCOUNTEE	Remarks:
Port of loading HAMBURG PORT GERMANY Port of discharge DALIAN PORT CHINA	
Vessel　V.062S STEVEN SEA Sailing on or about MAY 25,2014	

Marks and numbers of PKGS	Description of goods	Quantity	Net-Weight	Gross-Weight	Measurement
C/NO.1-29	NC three channel hydraulic molding machine **IST-750**	1SET	58 680KGS	58 590KGS	
	1PALLET+1W/CASE		58 680KGS	58 590KGS	

P/O No:2014-LGGZ-041
PACKAGE NO.:
NET WEIGHT:　KGS
GROSS WEIGHT: KGS
SIZE:L(CM)×W(CM)×H(CM)
ITEM:
MADE IN GERMANY

TIAN HONG, LTD.

BILL OF LANDING

Shipper TONG WOO SHIPPING CO.,LTD O&B, Julio CO., LTD. ××× ROAD,HONG KONG		**B/L No. HK0605200008**
Consignee DALIAN MECHINERY AND EQUIPMENT I/E CORP. TEL:××××××××× FAX:×××××××××		**Honour Lane Shipping Ltd.** **Bill of Lading**
Notify party SAME AS CONSIGNEE		
Pre-Carriage by	Place of receipt	
Vessel Voy No. HUA XIN V.0605	Port of loading HONG KONG	
Port of discharge Dalian	Place of delivery Dalian CY	

Container No./Seal No. Marks and Numbers	No.of Containers or pkgs	Kind of Packages; Description of goods	Gross Weight	Measurement (CBM)
		NC three channel hydraulic molding machine		
1SET				
P/O No:2014-LGGZ-040	1PALLET+1W/CASE			
PACKAGE NO.:			58 590KGS	
NET WEIGHT: KGS				
CROSS WEIGHT: KGS				
SIZE:L(CM)×W(CM)×H(CM)				
ITEM:				
MADE IN GERMANY		STC: TKL-CY		
CAXU 9400342/40'/××××				
LMGH8977356/40'/××××				

ORIGINAL

Total No.of Containers or Packages (in words) TOTAL:TWO(40') HQ CONTAINERS ONLY					
Freightand Charges FREIGHT PREPAID		Revenue Tons	Rate Per	Prepaid	Collect
Ex Rate	Prepaid at Hong Kong	Payable at		Place and date of issue HONG KONG 06-06-2016	
	Total prepaid	No. of original B(s)/L THREE(3)			

进出口货物征免税证明

编号：Z090116×××××

<table>
<tr><td colspan="2">申请单位</td><td>辽宁海通有限责任公司</td><td>征免性质/代码</td><td colspan="2">鼓励项目/789</td><td>审批依据</td><td colspan="4"></td></tr>
<tr><td colspan="2">发证日期</td><td>2016年5月4日</td><td colspan="8">有效期　2016年5月4日　至2016年11月4日</td></tr>
<tr><td colspan="2">到货口岸</td><td>大连</td><td>合同号</td><td colspan="7">2014-LGGZ-041</td></tr>
<tr><td rowspan="2">序号</td><td rowspan="2">商品名称</td><td rowspan="2">规格型号</td><td rowspan="2">商品编码</td><td rowspan="2">数量</td><td rowspan="2">单位</td><td rowspan="2">金额</td><td rowspan="2">币制</td><td colspan="3">海关减免税审批意见</td></tr>
<tr><td>关税</td><td>增值税</td><td>其他</td></tr>
<tr><td>1</td><td>数控三通道液压成型机</td><td>IST-750</td><td>84629110000</td><td>1</td><td>台</td><td>200 000.00</td><td>USD</td><td>0</td><td>17%</td><td></td></tr>
<tr><td>2</td><td></td><td></td><td></td><td></td><td></td><td></td><td></td><td></td><td></td><td></td></tr>
<tr><td>3</td><td></td><td></td><td></td><td></td><td></td><td></td><td></td><td></td><td></td><td></td></tr>
<tr><td>4</td><td></td><td></td><td></td><td></td><td></td><td></td><td></td><td></td><td></td><td></td></tr>
<tr><td colspan="11">备注</td></tr>
<tr><td colspan="2">审批海关签章

2016年5月4日</td><td colspan="3">核放海关签章

年　月　日</td><td colspan="6">注意事项：
1. 本表使用一次有效。如同一合同货物分口岸进口的，应分别填写，一份合同内货物分期到货的，应向审批海关申明，并按到货期分填此表。
2. 此表中“项目名称”栏应按减免税项目填写，如技术改造、世行贷款等。
3. 货物进口时应向海关交验本表，复印件无效。
4. 自签发之日起半年内有效，逾期应向原审批海关申请展期或退单。
5. 经批准进口的货物，如拟移作他用、转让或出售，原申请免税单位应事先报请原批准海关核准，并应按法律补税；否则，海关将依法处理。</td></tr>
</table>

下列报关单中已填写20个栏目（标号A-T），请根据随附资料找出其中5处填制错误，并在答题纸上将填制错误的对应字母划“×”标注出来。（共计10分，每个找错2分，划“×”不得超过5个，否则本题按0分计分）

举例：如“A”错，就在答题纸“A”下划“×”。见下表所示。

A	B	C	D	E	F	G	H	I	J	K	L	M	N	O	P	Q	R	S	T
×																			

错误的地方应填报为：

中华人民共和国海关进口货物报关单

预录入编号：　　　　　　　　　　　　　　　　　　　　　　海关编号：

进口口岸	(A)备案号 A44210010305551	进口日期	申报日期
(B)经营单位 大连机械设备进出口公司（210291××××）	(C)运输方式 2	(D)运输工具名称 HUA XIN/ V.0605	(E)提运单号 HK0605200008
收货单位(F) 辽宁海通有限责任公司（210124××××）	(G)贸易方式 2225	(H)征免性质 789	征税比例

许可证号	(I)起运国（地区） 德国	(J)装货港 香港	(K)境内目的地 21012
批准文号	(L)成交方式 FOB	(M)运费	(N)保费 23 000	杂费

合同协议号	(O)件数 1	(P)包装种类 托盘	毛重（千克）	净重（千克）
(Q)集装箱号 CAXU 9400342/40'/××××	(R)随附单据 Z090114×××××		用途	

(S)标记唛码及备注
P/O No.:2014-LGGZ-041
PACKAGE NO.:
NET WEIGHT:　　KGS
GROSS WEIGHT: KGS
SIZE:L(CM)×W(CM)×H(CM)
ITEM:
MADE IN GERMANY

项号	商品编号	商品名称、规格型号	数量及单位	(S)原产国（地区）	单价	总价	币制	(T)征免
				德国				全免

税费征收情况

录入员　　录入单位	兹声明以上申报无讹并承担法律责任	海关审单批注及放行日期（签章）
报关员		审单　　审价
单位地址	申报单位（签章）	征税　　统计
邮编　　电话	填制日期	查验　　放行

（二）下列报关单中已填写 20 个栏目（标号 A-T），请根据随附资料找出其中 5 处填制错误，并在答题纸上将填制错误的对应字母划“×”标注出来。（共计 10 分，每个找错 2 分，划“×”不得超过 5 个，否则本题按 0 分计分）

举例：如“A”错，就在答题纸“A”下划“×”。见下表所示。

A	B	C	D	E	F	G	H	I	J	K	L	M	N	O	P	Q	R	S	T
×																			

错误的地方应填报为：

资料一：

广州新洋有限公司（442094××××）属于国家鼓励项目企业，在投资总额内委托广州机械进出口公司（440191××××）于 2017 年 3 月 29 日进口印染机一台（属法定检验检疫货物），2017 年 4 月 8 日向黄埔海关埔新港办（5202）申报进口。该设备的进出口货物减免税证明表编号为：Z52008A03980（法定计量单位：千克）。

资料二：

INVOICE

Shipped per STELLA FAIRY　229　　NO: T13691127

FROM: GAOXIONG TO GUANGZHOU

MARKS&NOS	Description of Goods	Quantity	Unit Price	Amount
SM-MW500 9M023 MADE IN TAIWAN CHINA	Forming machine SM-MW500	1set	USD125 000	CIF HUANG PU USD 125 000
	TOTAL	1set		USD 125 000

SAY: TOTAL CIF VALUE U.S.DOLLARS.ONE HUNDRED AND TWENTY-FIVE THOUSAND.

PPT CO.(TAIWAN)

Signed by: Emanuel

资料三：

PACKING LIST

Name of Vessel: STELLA FAIRY V.229　　INVOICE NO.: T13691127

Port of shipment: GAOXIONG　　ORDER NO.: 9M023

Consignees: GUANG ZHOU XIN YANG CO.,LTD.　　Destination: HUANG PU PORT

Packing No.	Quantity	Description	Net Weight	Gross Weight		Measurement
				Each	Total	
CTNR TGHU36789	1PKG	Forming machine SM-MW500	1 320KGS		1 450KGS	
TOTAL	1PKG		1 320KGS		1 450KGS	

PPT CO.(TAIWAN)

MADE IN TAIWAN

PPT CO.(TAIWAN)

Signed by: Emanuel

资料四：

BILL OF LADING

1) SHIPPER
FORM AOSA HEAVY INDUSTRIES CORP.
201,TUNG HWA N,RD.,TAIPEI,TAIWAN

B/L NO.COSU17092169

COSCO
中国远洋运输（集团）总公司
CHINA OCEAN SHIPPING(GROUP)CO.
ORIGINAL
COMBINED TRANPORT BILL OF LADING

2) CONSIGNEE
GUANG DONG XIN YANG CO.,LTD
LTD,5/F 312,KAIFAQU NORTH ROAD,HUANGPU

3) NOTIFY PARTY

4) PLACE OF RECEIPT
GAOXIONG,TAIWAN

5) OCEAN VESSEL
STELLA FAIRY

6) VOYAGE NO.
STELLA FAIRY V.229

7) PORT OF LOADING
GAOXIONG

8) PORT OF DISCHARGE 卸货港
HUANG PU XIN PORT

9) PLACE OF DELIVERY

10) MARKS	11) NOS.&KINDS OF PKGS	12) DESCRIPTION OF GOODS	13) G.W.(kg)	14) MEAS(m^3)
SM-MW500	1 WOODEN CASE	1×20FT Forming machine SM-MW500	1 450.00	

9M023
MADE IN TAIWAN
CHINA TGHU36789 TARE 2 180KG
FREIGHT PREPAID

15) TOTAL NUMBER OF CONTAINERS OR PACKAGES (IN WORDS)
ONE WOODEN CASE

FREIGHT & CHARGES	REVENUE TONS	RATE	PER	PREPAID	COLLECT

PREPAID AT

16) PAYABLE AT

17) PLACE AND DATE OF ISSUE

TOTAL PREPAID

18) NUMBER OF ORIGINAL B(S)L

LOADING ON BOARD THE VESSEL

19) DATE
MAR.15,2017

20) BY
TONI GRIMM

资料五：

中华人民共和国海关进口货物报关单

预录入编号：　　　　　　　　　　　　　　　　　　　　海关编号：

(A) 进口口岸 埔新港办（5202）	(B) 备案号	进口日期	申报日期
(C) 经营单位 广州新洋有限公司（442094××××）	(D) 运输方式 2	(E) 运输工具名称 STELLA FAIRY 229	(F) 提运单号 COSU14092169
收货单位	(G) 贸易方式 外资设备物品（2225）	(H) 征免性质 799	结汇方式

许可证号	(I) 起运国（地区） 台彭金马关税区 143	(J) 装货港 高雄	境内目的地

批准文号	(K) 成交方式 1	运费	保费	杂费
合同协议号	件数	(L) 包装种类 木箱	毛重（千克）	净重（千克）

集装箱号	(M) 随附单据 A:××××××××××××××	(N) 用途 外贸自营内销

标记唛码及备注 (O) 由广州机械进出口公司代理进口。

项号	商品编码	商品名称、规格型号	(P)数量及单位	原产国（地区）	(Q)单价	(R)总价	(S)币制	(T) 征免
			1 320 千克 1 台		125 000	125 000	（502） 美元	全免

税费征收情况

录入员　录入单位	兹声明以上申报无讹并承担法律责任	海关审单批注放行日期（签章） 审单　　　审价
		征税　　　统计
报关员 单位地址　　路　　号 邮编　　　电话　　　填制日期		查验　　　放行

2014年5月份国际贸易关务员
统一考试试题及参考答案

★绝密 · 考试前严禁任何人翻阅

全国外经贸从业人员考试

国际贸易理论基础

试 题 册

考试时间:2014年5月31日 09:30-11:00

※※※※※※※※※※※※※※※※※※※※※※※※※※※※※※※※※※※※※※

考生姓名:______________________

准考证号:______________________

考点(考区):______________________

注意事项

一、考生将姓名、身份证号、考试项目、考点(考区)、准考证号填涂在试题册及答题卡(答题纸)相应位置。

二、考生在规定考试时间内做完试题册上的试题，并将答案填涂在答题卡(答题纸)相应位置，写在试题册上的答案一律无效。全部答题时间为90分钟。

三、考生在答题卡上作答时，切忌超出答题区域。如因超出区域作答导致答题卡失效，由考生个人负责。客观题按题号顺序进行填涂，主观题在每题左上角写清题号按顺序作答。凡因题号不清导致考试成绩有误，由考生个人负责。

四、考生不得将试题册、答题卡（答题纸）带出考场。考试结束，监考员收卷后考生方可离开考场。

五、考生注意对自己的答案保密。若被抄袭，一经发现，后果自负。

★ 请将答案写在答题卡上，答案写在试卷上无效。

一、单项选择题。在下列每小题的四个备选答案中选出一个正确的答案，并将答案填涂在答题卡相应位置，错选、多选、未选均无分。（每小题 1 分，共 40 分）

1. 据海关统计，2014 年 2 月份，我国外贸进出口总值 1.53 万亿元人民币，其中，出口 6 965.2 亿元，进口 8 363.1 亿元，请问 2014 年 2 月份我国外贸进出口贸易（　　）亿元。

A. 顺差 1 397.9　　B. 逆差 1 397.9　　C. 顺差 6 965.2　　D. 逆差 8 363.1

2. “直接贸易” 的英文全称是（　　）。

A. commodity trade　B. international trade　C. direct trade　D. service trade

3. 据海关统计，2012 年，我国外贸进出口总值 38 667.6 亿美元，其中出口 20 489.3 亿美元，进口 18 178.3 亿美元，贸易顺差 2 311 亿美元。折合人民币进出口总值为 24.42 万亿元，其中出口 12.94 万亿元，进口 11.48 万亿元，顺差 1.46 万亿元。据国家统计局公布的初步数据，2012 年我国国内生产总值（GDP）为 51.93 万亿元。2012 年我国外贸依存度为（　　）。

A. 50%　　B. 22.1%　　C. 24.9%　　D. 47%

4. 在国际贸易术语解释通则 2010 术语中，（　　）是签约承担运输责任的一方。

A. 承运人　　B. 货主　　C. 航空公司　　D. 船公司

5. 在 CIF 中卖方必须自付费用取得货物保险。该保险需至少符合《协会货物保险条款》（Institute Cargo Clauses，LMA / IUA）（　　）或类似条款的最低险别。

A. 条款 A　　B. 条款 B　　C. 条款 C　　D. 一切险条款

6. “成本加运费” 是指卖方在船上交货或以已经取得这样交付的货物方式交货。货物灭失或损坏的风险在货物交到船上时转移。卖方必须签订合同，并支付必要的成本和运费，将货物运至指定的目的港。这里的 “成本加运费” 术语是（　　）。

A. CFR　　B. EXW　　C. CIP　　D. DAP

7. 卖方承担将货物运至目的地的一切风险和费用，并且有义务完成货物出口和进口清关，支付所有出口、进口的关税和办理所有海关手续的国际贸易术语是（　　）。

A. FCA　　B. EXW　　C. DDP　　D. DAP

8. 我国甲公司欲与澳大利亚乙公司签订销售合同出口鞋子到澳大利亚，贸易术语使用不正确的是（　　）。

A. FOB SHANGHAI　　B. CIF DALIAN

C. CFR SYDNEY　　D. CIP SYDNEY

9. 进料加工合同必须按权限经过商务主管部门的审批，取得（　　）。

A. 加工贸易手册　　B. 加工贸易业务批准证

C. 加工贸易电子账册　　　　　　　D. 不作价设备批准证

10. 凭买方样品成交（Sale by Buyer's Sample）称为（　　），是指以买方提供的样品作为交货品质依据的交易。

A. 来样成交　　B. 留样　　C. 代表性样品　　D. 回样

11. 454g≈（　）。

A. 1 pound　　B. 1.5 pound　　C. 14 ounce　　D. 11 ounce

12. 属于二维条形码图形符号的是（　）。

A. 
B. 

C. 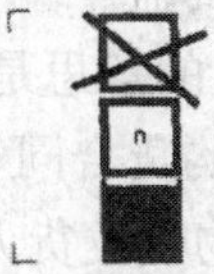
D. 

13. 常用的指示性标志中“温度极限（Temperature Limits）”的标志为（　）。

A. 
B. 
C. 
D. 

14. 属于警告性标志的是（　　）。

A. 
B. 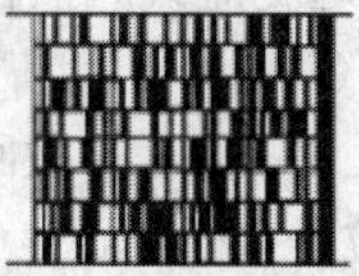
C. 
D. 

15. 签发多式联运提单的承运人的责任是（　　）。

A. 只对第一程运输负责　　　　　B. 必须对全程运输负责

C. 对运输不负责　　　　　　　　D. 只对最后一程运输负责

16. 提单按是否有不良批注进行分类，可以分为（　　）。

A. 记名提单、不记名提单和指示提单　B. 清洁提单和不清洁提单

C. 直达提单、转船提单和联运提单　　D. 已装船提单和备运提单

17. 运输标志是指（　）。

A. 商品外包装上的标志　　　　　B. 商品内包装上的标志

C. 运输工具上的标志　　　　　　D. 待运货场的标志

18. 在班轮运价表内标示“W”表示（　　）。

A. 按货物重量计价

B. 按货物体积计价

C. 按货物容积计价

D. 按货物重量或体积收费较高者计算单位运价

19. 我国海运货物保险条款中，不能单独投保的险别是（　）。

A. 平安险　　B. 水渍险　　C. 一切险　　D. 战争险

20. 海运提单之所以能够向银行办理抵押贷款，是因为（　）。

A. 海运提单是承运人签发的货物收据　B. 海运提单不可以转让
C. 海运提单是运输契约的证明　D. 海运提单具有物权凭证的性质

21. 一批货物在海运途中发生承保范围内的损失，其修理费用超过修复后的价值，这种损失属于（　　）。
A. 实际全损　B. 单独海损　C. 共同海损　D. 推定全损

22.（　　）是指买方（或卖方）为了购买（或出售）商品而向潜在的供货人或买主询问该商品的成交条件或交易的可能性的业务行为。
A. 还盘　B. 询盘　C. 接受　D. 发盘

23. "Sales Confirmation"的意思是（　　）。
A. 销售确认书　B. 购货合同　C. 订单　D. 代理协议

24.（　　）是进出口货物收发货人根据《海关法》和相关法律法规要求提交报关企业的具有法律效力的授权证明。
A. 报关单　B. 商业发票　C. 委托报关协议　D. 代理报关委托书

25. 出口的货物若是可以享受优惠贸易协定税率的商品，出口前应向我国出口原产地证书签发机构申领原产地证书。属于我国出口原产地证书签发机构的是（　　）。
A. 外汇管理局　B. 商务委等商务主管部门
C. 国家出入境检验检疫局　D. 海关

26. 某项发盘于某月 15 日以信函方式送达受盘人。但在送达受盘人的前一天，发盘人以传真告知受盘人发盘无效，此行为属于（　　）。
A. 一项新发盘　B. 发盘的修改　C. 发盘的撤回　D. 发盘的撤销

27. 在出口业务中，对信用证的审核单位是（　　）。
A. 开证银行　B. 进口商
C. 出口商和出口地银行　D. 保险公司

28. 即期汇票可以在汇票付款期限栏中填上（　　）。
A. at sight　B. first exchange
C. second exchange　D. documents against acceptance

29. 信用证和货物买卖合同的关系是（　　）。
A. 信用证独立于货物买卖合同　B. 信用证从属于货物买卖合同
C. 信用证是货物买卖合同的附件　D. 货物买卖合同是信用证的附件

30. 在 MT 700 Issue of a Documentary Credit 中，代号 44D 代表的是信用证的（　　）。
A. Description of Goods and/or Services　B. Shipment Period
C. Additional Conditions　D. Date of Amendment

31.（　　）是指凭跟单汇票或单纯凭单据付款、承兑或议付的信用证。
A. 远期信用证　B. 保兑信用证　C. 光票信用证　D. 跟单信用证

32. 信用证经保兑后，保兑行（　　）。
A. 只有在开证行没有能力付款时，才承担保证付款的责任
B. 和开证行一样，承担第一付款责任
C. 需和开证行商议决定双方各自的责任

D. 只有在买方没有能力付款时，才承担保证付款的责任

33. 麦卡锡把市场营销的手段归为四个因素，简称“4P's”，即（　　）。

A. 产品、价格、分销和网商　　B. 质量、代理、分销和促销

C. 产品、价格、分销和促销　　D. 产品、质量、分销和促销

34. 企业所选定作为营销对象的具有某些特定需要的消费者群体称为（　　）。

A. 细分市场　　B. 目标市场　　C. 市场主体　　D. 营销对象

35. 在总配额内按国别和地区分配给固定的配额，超过规定的配额便不准进口，这种配额方式称之为（　　）。

A. 全球配额　　B. 国别配额　　C. 自主配额　　D. 双边配额

36. 进口商品的税赋取决于进口商品的价格大小与（　　）高低。

A. 税率　　B. 汇率　　C. 利率　　D. 费率

37.（　　）是指知识产权权利人发现侵权嫌疑货物即将进出口时向海关提出申请，海关根据其申请对侵权嫌疑货物实施扣留的措施。

A. 依企业保护　　B. 依职能保护　　C. 依职权保护　　D. 依申请保护

38.（　　）是指在工业、农业、商业等产业领域中，发明人或设计人通过其智力劳动所作出的，具有技术属性，并作用于技术的实现或商品的形成的发明创造以及由此产生的所有权利。

A. 标识类知识产权　　B. 技术类知识产权

C. 传播类知识产权　　D. 其他类知识产权

39. 电子商务交易的整个过程中，（　　）起着连接的作用。

A. 物流　　B. 商流　　C. 资金流　　D. 信息流

40. 迄今为止，世界上第一个关于电子商务的法律是（　　）。

A.《电子贸易示范法》　　B.《电子签字示范法》

C.《电子商务示范法》　　D.《电子商业示范法》

二、多项选择题。下列每小题的选项中，有两个或两个以上答案是正确的，请将答案填涂在答题卡相应位置，多选、少选或不选均不得分。（每小题2分，共20分）

41. 国际分工对国际贸易的影响表现在（　　）。

A. 国际分工影响国际贸易的发展速度

B. 国际分工影响国际贸易的地理方向

C. 国际分工影响国际贸易的商品结构

D. 国际分工影响各个国家对外贸易政策的制定

E. 国际分工影响对外贸易依存度

42. 下列各项中，只适用海运的价格术语有（　　）。

A. FAS　　B. FOB　　C. CPT　　D. CFR　　E. CIF

43. 下列有关我国上海出口到美国某货物的报价中，正确的有（　　）。

A. 每公吨1 000美元CIF SHANGHAI　　B. 每公吨1 000美元FCA SHANGHAI

C. 每公吨1 000美元FOB NEW YORK　　D. 每公吨1 000美元CFR LONG BEACH

E. 每公吨 1 000 美元 FCA SEATTLE

44. 进料加工的主要特点有（ ）。

A. 外汇购买、产品外销　B. 自行生产、自行销售

C. 自负盈亏，风险自担　D. 我方只收取工缴费

E. 外商提供的进口料件和加工的成品，我方不拥有所有权

45. 在采用净重计重时，计算包装重量的方法有（ ）。

A. 实际皮重　B. 平均皮重　C. 习惯皮重　D. 约定皮重　E. 理论皮重

46. 班轮运价的计算标准有（ ）。

A. 按货物的毛重计收　B. 按毛重或体积择高计收

C. 按货物的件数计收　D. 从价运费

E. 按货物的体积计收

47. 构成发盘必须具备的条件有（ ）。

A. 向一个或一个以上的特定人提出　B. 发盘人必须是卖方

C. 发盘的内容必须十分确定　D. 发盘的内容必须双方满意

E. 表明订立合同的意思

48. 按现行政策规定，出口退税的税种有（ ）。

A. 所得税　B. 增值税　C. 消费税　D. 营业税　E. 个调税

49. 下列各项中，属于信用证付款方式所具有特点的是（ ）。

A. 开证行在进口商不履行付款义务时向受益人付款

B. 银行信用

C. 开证行只受信用证的约束而与贸易合同完全无关

D. 一种纯单据的业务

E. 银行保证向进口方交合格的货物

50. 下列各项中，属于新的商业环境具有的特征的有（ ）。

A. 环境更复杂，蕴含着更多的机遇和挑战

B. 制定决策时需要更多的信息和知识

C. 企业需要通过加速决策进程或拥有更多的决策者来更频繁地作出决策

D. 制定决策时需要考虑的因素更多，决策的领域更加广泛了

E. 竞争更加激烈

三、判断题。判断下列各题是否正确，并将答案填涂在答题卡相应位置。（每小题 1 分，共 40 分）

51. 技术贸易是以有形的服务作为标的物进行的贸易。

52. 技术服务的内容包括咨询服务和工程服务两个部分。

53. 商品从甲国经过乙国向丙国运送，对乙国来说是过境贸易。

54. 在国际贸易中，由于是采用某一种货币单位进行交易的。在浮动汇率的制度下，各国的外汇在供求关系的不平衡等因素的影响下会时涨时落。在签订合同后，该种货币若升值，会造成买方的风险，若贬值则会造成卖方的风险。

55. 按CIF成交，尽管价格中包括到指定目的港的运费、保险费，但卖方不承担货物必然到达目的港的责任。

56. 来料加工项下加工成品出口，免于缴纳出口关税。

57.《Incoterms2010》的贸易术语中，买卖双方交接的单据，可以是纸单据，也可以是电子单据。

58. 补偿贸易最基本的形式是直接用产品偿还，也可以是其他的产品或劳务，即间接补偿。

59. 在CIF条件下由卖方负责办理货物运输保险，在CFR条件下是由买方投保，因此，运输途中货物灭失和损失的风险，前者由卖方负责，后者由买方负责。

60. 来料加工方式中，料件和加工后成品的所有权属于外商，而不属于来料加工厂。

61. 如果想在合同中使用国际贸易术语解释通则2010，应在合同中用类似词句作出明确表示，如“所选用的国际贸易术语，包括指定地点，并标明国际贸易术语解释通则®2010”。

62. 使用DAT时，货物已从到达的运输工具卸下，交由买方处置。

63. 出口企业根据相关规定，货物报关出口并在财务上作进、销、核处理后，将相关电子信息录入出口退税申报系统，生成申报表及电子数据，到退税机关预审，通过对预审发现问题的调整，形成正式的出口退税申报表，再到退税机关办理正式退税申报。

64. 逆汇（Reverse Remittance）又称出票法，指债权人委托本国银行，通过签发汇票等形式，主动向国外债务人索汇的另一类汇兑业务。

65. 一项还盘是对原发盘的拒绝，一经受盘人作出还盘，原发盘也随之失效，交易磋商必须从询盘再开始。

66. 由于凭样品买卖的商品多属于品质难以规格化、标准化的商品，一般难以做到交货品质与标准样品完全相符，故在合同中应规定“交货品质和样品大体相符”。

67. SWIFT格式MT700中，代号32B代表的是Currency Code, Amount（币别代码、金额）。

68. SWIFT格式MT700中，代号39C代表的是可附加金额。

69. 包装——搬运图示标志  的名称是此面禁用手推车。

70. RFID使用时因无机械磨损，无机械故障，不怕恶劣环境，所以寿命长。

71. SWIFT格式MT707中，代号30代表的是Date of Amendment。

72. SWIFT格式MT701中，代号46B代表的是Documents Required。

73. 租船提单是指由班轮公司承运货物后签发给托运人的提单。

74. 生产企业出口自产的属于应征消费税的产品，实行免征增值税办法。

75. 在合同规定的数量机动幅度范围内，货物多交少交，一般都由卖方决定，但有时也可由买方或承运人决定。

76. 在国际贸易实践中，如买卖双方在合同中明确表示采用某项惯例时，则该项惯例对买卖双方都有约束力。

77. 一切信用证均须规定一个交单付款、承兑或议付的到期日，即有效期。

78. 信用证付款方式对卖方没有收汇风险。

79. UCP600规定，信用证修改通知书有多项内容时，只能全部接受或全部拒绝，不能只接受其中一部分而拒绝另一部分。

80. 根据现行《跟单信用证统一惯例》规定，凡信用证上未注明“可否转让”字样，即可视为可转让信用证。

81. 我方出口某商品共 100 箱，每箱毛重为 40 千克，体积 30cm×60cm×50cm，查运费表得知该货为 10 级，计算标准为 W / M，基本运费为每运费吨 109 美元，另收燃油附加费 20%，该批货物的运费是 523.20 美元。

82. 北京某出口公司向英国伦敦某商人出售一批货物，中方原报价为 CIF 伦敦每公吨 850 美元，后法商要求改报含佣价 CIFC5%，则中方改报价应为每公吨 894.74 美元。

83. 产品纵向一体化有助于企业加快发展进程，扩大生产经营规模，获得一定的规模经济效益。

84. 关税配额是将关税与配额结合起来的一种限制进口的措施。

85. 海关估价是指海关按照国家规定，对申报进口的商品价格进行审核，以确定或估定其完税价格。

86. 与出口相比，国际营销是一个含义更广的概念，因为它还包括国外的投资和生产制造活动。

87. 自海关总署向担保人发出履行担保责任的通知之日起，知识产权权利人向海关申请扣留侵权嫌疑货物，无须向海关提供担保。

88. 可靠的电子签名与手写签名或者盖章具有同等的法律效力。

89. 传统的书面合同只是受到当事人保护程度和自然侵蚀的限制，而电子数据不仅可能受到物理灾难的威胁，还有可能受到计算机病毒等计算机特有的无形灾难的攻击。

90. 许可贸易是指拥有某种权利的一方（许可方）授予另一方（被许可方）该种权利使用权的交易。

（请将答案写在答题卡上，答案写在试卷上无效）

国际贸易理论基础考试参考答案

（考试编号：201401）

一、单项选择题（每小题 1 分，共 40 分）

[1～5] BCDAC　[6～10] ACBBA　[11～15] ADAAB　[16～20] BAADD
[21～25] DBADC　[26～30] CCAAB　[31～35] DBCBB　[36～40] ADBDC

二、多项选择题（每小题 2 分，共 20 分）

41. ABCDE　42. ABDE　43. BD　44. ABC　45. ABCD　46. ABCDE　47. ACE　48. BC　49. BCD　50. ABCDE

三、判断题（每小题 1 分，共 40 分）

[51～55] ×√√×√　[56～60] √√√×√　[61～65] √√√√×
[66～70] √√√×√　[71～75] √√××√　[76～80] √××√×
[81～85] ×√√√√　[86～90] √×√√√

★绝密 ▪ 考试前严禁任何人翻阅

全国外经贸从业人员考试

国际贸易业务员关务方向
（关务员）实务
试 题 册

考试时间：2014 年 5 月 31 日 13：00-15：00

※※※※※※※※※※※※※※※※※※※※※※※※※※※※※※※※※※※※※

考生姓名：________________________

准考证号：________________________

考点（考区）：____________________

注意事项

一、考生将姓名、身份证号、考试项目、考点（考区）、准考证号填涂在试题册及答题卡（答题纸）相应位置。

二、考生在规定考试时间内做完试题册上的试题，并将答案填涂在答题卡（答题纸）相应位置，写在试题册上的答案一律无效。全部答题时间为 120 分钟。

三、考生在答题卡上作答时，切忌超出答题区域。如因超出区域作答导致答题卡失效，由考生个人负责。客观题按题号顺序进行填涂，主观题在每题左上角写清题号按顺序作答。凡因题号不清导致考试成绩有误，由考生个人负责。

四、考生不得将试题册、答题卡（答题纸）带出考场。考试结束，监考员收卷后考生方可离开考场。

五、考生注意对自己的答案保密。若被抄袭，一经发现，后果自负。

★ 请将答案写在答题纸上，答案写在试卷上无效。

一、实务分析题（本大题有 20 小题，每小题 1 分，共 20 分）

1. 客户提供的商业发票和装箱单中的商品型号不一致，为了图方便省事，某报关公司修改了发票中的商品型号，结果被海关发现需要进行处罚。请问海关处罚的行为作用于客户还是报关公司？

2. 天津津海纺织品有限公司需要开拓纺织品的进出口经营业务，根据我国法律的有关规定，需要办理其进出口经营资格。请问属于海关的行政许可权范围内吗？

3. 工商部门在某企业例行检查中发现，该企业在进口一批牛奶时伪造商业单据，偷逃关税 36 000 元人民币。请问工商部门是否有权对这桩偷逃关税的事件进行处罚？

4. 常州苏敏实业有限公司是已经取得外贸经营权的出口加工企业，请问该企业还应当向海关办理哪项手续才可以直接办理进出口报关业务？

5. 福建金林国际货运代理有限公司接受厦门夏南农产品批发公司的委托，办理一批火龙果进口货运代理业务。请问福建金林国际货运代理有限公司向海关办理火龙果进口报关的性质是自理报关还是代理报关？

6. 在加工贸易料件结转中，转出企业应填写“进口货物报关单”还是“出口货物报关单”？

7. 海关 H2000 接受货主申报为 8 月 5 日，报关企业现场申报日期为 8 月 6 日。请问报关单上的申报日期应为什么时间？

8. 上海家寅进出口有限公司通过海运方式进口一批德国机器，进境船舶于 2014 年 4 月 1 日向海关申报进境，上海家寅进出口有限公司于当月 18 日向海关申报。请问该批货物滞报几天？

9. 一批进口货物到岸价格是 50 000 美元，进口申报逾期 5 天。请问该批货物应缴滞报金为多少人民币（1 美元等于 6.2 元人民币）？

10. 北京捷司特实业有限公司（外商投资企业）为完成境外企业订购的生产任务，从境外采购流水线两条。请问此流水线进口是否属于加工贸易进口货物？

11. 广州某服装制造有限公司在保税加工合同项下进口一批服装面料。在生产过程中，由于原料暂时性的短缺，在未办理任何海关手续的情况下工厂将这批原料的一部分用作内销的服装上。请问工厂的行为是否违反了海关监管条例？

12. 南京某企业属于海关B类加工贸易管理企业，在来料加工合同项下，购进一批价值4 000美元的棉花（属于限制进口类商品）用于加工生产男式西装垫肩和一批价值1 000美元的塑料纽扣（属于允许进口类商品）。请问海关对这两种料件保证金台账管理有什么要求？

13. 暂存于保税区仓库内，进行简单包装以后需要运往国外的货物是否可以免缴进口关税？

14. 三联重工机械制造有限公司以特定减免税的方式进口一台精密仪器，根据规定可以免交进口关税。请问该公司是否可以免交进口许可证？

15. 山东潍坊某公司从大连港进口一批货物，在大连港办理进口转关手续，货物由转关运输货物承运人按照海关要求运至山东潍坊并在潍坊海关报关进口。请问在转关通关过程中，潍坊被称为什么？

16. 海关查验货物时，进出口货物的收发货人或其代理人应当到场。请问搬移货物、开拆和重封货物的包装由谁负责？

17. 进出口经营企业的关务工作是否等同于报关工作？

18. 江苏某食品进出口公司向法国ABC贸易公司购买1 000箱葡萄酒用于国内销售。请问该批货物进口属于一般进口货物还是特定减免税货物？

19. 北京某高校进口一台电子设备用于科研，请问该电子设备进口属于一般进口货物还是特定减免税货物？

20. 四川海信电器制造有限公司将保税加工贸易合同下生产的冰箱压缩机转向宁波天皇冰箱制造厂生产出口冰箱成品。请问该批压缩机的结转属于加工贸易料件结转，还是加工贸易深加工结转？

二、不定项选择题。下列每小题的四个选项中，有一个或一个以上答案是正确的，请将答案填写在答题纸相应位置。错选、多选、未选均无分。（每小题2分，共20分）

1. 我国出入境检验检疫的主管部门是（　　）。

A. 国家质量监督检验检疫总局　　B. 海关

C. 工商局　　D. 税务局

2. 进境运输工具载有货物、物品的，舱单传输人应当在规定时限内向海关传输（　　）主要数据；出境运输工具预计载有货物、物品的，舱单传输人应当在办理货物、物品申报手续以前向海关传输（　　）主要数据。

A. 原始舱单，预配舱单　　B. 装载舱单，预配舱单

C. 原始舱单，装载舱单　　D. 预配舱单，原始舱单

3. 报关单预录入QP系统收到直属海关“接单交单”或“放行交单”回执之日起（　　）日内，报关人员必须打印纸质报关单并将其他随附单证一起提交给现场海关审核。

A. 5　　B. 7　　C. 10　　D. 15

4. 我国对进口货物征收关税，适用的税率有（　　）。

A. 最惠国税率　　B. 协定税率　　C. 特惠税率　　D. 普通税率

5. 对于关税税额不足人民币 50 元，而进口环节消费税税额超过人民币 50 元的进口货物，其进口环节增值税的组成计税价格应当包括（　　）。

A. 关税完税价格　　B. 关税税额　　C. 消费税税额　　D. 增值税税额

6. 海关接受进出口货物申报后，电子数据和纸质的进出口货物报关单不得修改或者撤销。确有正当理由的，经海关审核批准，可以修改或撤销。下列情形属于正当理由的是（　）。

A. 由于报关人员书写失误造成所申报的报关单内容有误，并且未发现有走私违规及其他违法嫌疑的

B. 出口货物放行后，由于配载原因造成原申报货物退关的

C. 进出口货物在运输过程中因不可抗力造成损毁，导致原申报数据与实际货物不符的

D. 根据贸易惯例先行采用暂时价格成交，实际结算时按商检品质认定或国际市场实际价格付款方式需要修改申报内容的

7. 下列哪些货物属于一般进出口货物（　　）。

A. 转为实际进口的保税进口货物　　B. 转为实际进口或出口的暂准进出境货物

C. 享受特定减免税优惠的进口货物　　D. 随展览品进境的小卖品

8. 进出口货物征免税证明的有效期是（　　）。

A. 3 个月　　B. 6 个月　　C. 9 个月　　D. 1 年

9. 成都加工贸易企业 A 进口料件生产半成品后转给南京加工贸易企业 B 继续深加工，最终产品由 B 企业出口，A、B 企业都是纸质手册管理。下列结转报关手续正确的是（　）。

A. 先由 A 企业报进口，再由 B 企业报出口

B. 先由 A 企业报出口，再由 B 企业报进口

C. 先由 B 企业报进口，再由 A 企业报出口

D. 先由 B 企业报出口，再由 A 企业报进口

10. 海关对保税加工货物的基本监管模式为（　　）。

A. 物理围网监管　　B. 非物理围网监管

C. 纸质手册管理　　D. 计算机联网监管

三、计算题（本大题有 2 小题，每小题 8 分，共 16 分）

（一）某公司从美国进口一批货物，成交价为 CIF 上海 500 000.00 美元，适用进口关税税率 10%，增值税税率 17%。海关于 2013 年 8 月 5 日（周五）填发税款缴款书，该公司于 8 月 26 日缴纳税款。（1 美元＝6.20 元人民币）

要求：根据上述案例，回答下列问题。

1. 海关对该批货物征收关税时，采用的征税方式是什么？

2. 计算缴款期限时，如遇到双休日或节假日是否要扣除？

3. 该批进口货物缴纳税款的时间超过缴纳期限多少天？

4. 海关应征滞纳金是多少？

（二）国内某公司从美国购进柴油船用发动机 4 台，成交价格合计为 CIF 广州 1 360 000.00 美元。经批准，该发动机进口关税税率减按 1% 计征。实际支付运费 5 000 美元，保险费 800 美元。（1 美元=6.20 元人民币）

要求：根据上述案例，计算应征进口关税。

四、综合实务题（本大题共有 2 小题，每小题 12 分，共 24 分）

（一）一般进出口货物报关分析题

上海申新进出口公司委托上海捷林集装箱储运有限公司出口一批电子屏幕书写工具，具体内容见报关单。

中华人民共和国海关出口货物报关单

预录入编号：76137066　　　　海关编号：224820140410823398

出口口岸 洋山港区　2248	备案号		出口日期 20140502	申报日期 20140429
经营单位 上海申新进出口公司 3102220635	运输方式 水路运输		运输工具名称 COSCO PRINCE RUPERT/0003E	提运单号 COSU6028521123
发货单位 江苏南通欣兴文具制造厂 3914929100	贸易方式 一般贸易　0110		征免性质 一般征税（101）	结汇方式 电汇
许可证号	运抵国（地区） 加拿大（501）		指运港 多伦多（3086）	境内货源地 上海其他（31909）
批准文号	成交方式 FOB	运费	保费	杂费
合同协议号 DH11034568	件数 94	包装种类 纸箱	毛重（千克） 1 042	净重（千克） 948
集装箱号 CBHU8047639/20/2275	随附单据			生产厂家
标记唛码及备注				

项号	商品编号	商品名称、规格型号	数量及单位	最终目的国(地区)	单价	总价	币制	征免
1	34022090 （0）	清洁笔 STAIN CLEANER 清洁包装：纸箱，脂肪醇聚氧乙烯	408.000 千克 0.000 408.000 千克	加拿大 （501）	16.402 0	6 692.00	USD 美元	照章征税
2	34022090 （0）	屏幕清洁剂 COMPUTER CLEANER 清洁包装：纸箱，脂肪醇聚氧乙烯	540.000 千克 0.000 540.000 千克	加拿大 （501）	4 .407 4	2 380.00	USD 美元	照章征税

税费征收情况		
录入员　　录入单位	兹声明以上申报无讹并承担法律责任	海关审单批注及放行日期(签单) 审单　　审价
报关员 单位地址	申报单位(签章) 上海捷林集装箱储运有限公司	征税　　统计
邮编　　电话	填制日期 2014-04-29	查验　　放行 签发官员：周海神 签发日期：2014-05-02

1. 请依据报关单的相关信息回答下列问题：

（1）出境申报的口岸海关。

（2）经营单位。

（3）供货单位。

（4）申报日期。

（5）货物出运日期。

（6）代理报关单位。

（7）海关放行日期。

（8）出境申报需要向海关交付的单证。

2. 依据给出的出口货物报关单，完成下列不定向选择题：

（1）这票货物海关审核后需要查验，那么这票货物的查验地点应该在（　　）。

A. 上海捷林集装箱储运公司堆场

B. 洋山港区集装箱堆场

C. 江苏南通欣兴文具制造厂仓库

D. 中远集装箱运输公司空箱堆场

（2）如果在查验的过程中，海关需要掏箱检查，由此产生一笔掏箱费 400 元，请问这笔费用应由（　　）支付。

A. 上海捷林集装箱储运公司

B. 上海申新进出口公司

C. 江苏南通欣兴文具制造厂

D. 上海海关

3. 在查验时，由于疏忽，报关员和发货单位没人到场，请问海关是否能在货主不在场的时候进行查验？如果进行查验，必须具备什么条件？

（二）保税加工贸易分析题

深圳广为进出口公司（加工贸易 A 类管理企业）于 2013 年 5 月从境外购进价值 100 000 元的一批原料（允许类货物），料件进口前，该企业已向海关办妥加工贸易合同手册设立手续。本加工贸易合同料件进口是与美国 ABC 公司签订的进口合同，成品出口合同也是与美国 ABC 公司签订的。料件进口委托广东佛山佳盛电子厂加工生产芯片后由广为公司出口。该加工合同履行期间，部分原料未能及时到货，为确保履行成品出口合同，广为公司报经主管海关核准，从本公司的另一个加工贸易项下的余料进行串换。芯片加工后又结转至另一个加工贸易合同项下。

1. 请依据上述案例，回答下列问题：

（1）在此项加工贸易经营活动中，深圳广为进出口公司属于什么企业？

（2）广东佛山佳盛电子厂属于什么企业？

（3）料件串换需要办理哪些海关报关手续？

（4）芯片结转至另一个加工贸易合同时，它又属于什么性质的货物？

2. 不定向选择题（下列每小题的四个选项中，有一个或一个以上答案是正确的）

（1）本案例涉及的加工贸易合同的性质为（　　）。

A. 进料加工非对口合同

B. 进料加工对口合同

C. 来料加工非对口合同

D. 来料加工对口合同

（2）该加工贸易合同备案时，其银行保证金台账应按（　　）规定办理。

A. 不转　　B. 空转

C. 半实转　　D. 实转

（3）该项加工合同内剩余料件，企业可以处理的方式有（　　）。

A. 内销、结转

B. 退运

C. 放弃，交由海关处理

D. 自行销毁

（4）如果该项加工合同内剩余料件进行内销的，下列说法正确的是（　　）。

A. 剩余料件内销时，应交付缓税利息

B. 剩余料件内销时，免交付缓税利息

C. 关于征税的数量，剩余料件的数量，按料件进境时申报数量计征进口税

D. 剩余的料件内销时，按进口时海关审核的价格为完税价格

五、报关单填制题（共20分）

根据以下资料提供的内容，以浙江海陵工贸有限公司的名义填制出口货物报关单。

浙江海陵工贸有限公司（3301900099）以一般贸易方式，向法国某贸易公司出口一批溜冰鞋，商品中文名称为“新的可调式溜冰鞋”，第一法定计量单位“双”，第二法定计量单位“千克”，成交计量单位“双”，HS编码9506701000。货主于2013年10月19日，通过编号为118715260的预录入报关单自行向北仑海关（3104）申报出口。另外，订舱单显示货物由中远集运“COSCO HELLAS”号轮船17W航次承担运输任务，货物分装两个20英尺，自重为2 275千克的集装箱，箱号分别为TTNU5879631和YMLU2837730，提运单号COSU89302895，通关单号530820100543208，生产厂家为浙江海陵鞋业厂。

一般贸易代码：0110

一般征税代码：101

境内货源地：杭州

其他代码：33019

法国代码：305

巴黎代码：2176

此项货物的运费为：USD3 300.00

保费为：USD468.63

商业发票

Commercial Invoice

1. 出口商 Exporter ZHEJIANG HAILING INDUSTRIAL AND TRADING CO., LTD. NO.199 TAIAN ROAD HANGZHOU ZHEJIANG CHINA 310051 TEL: +0086-571-87661388 FAX: +0086-571-87661389	4. 发票日期和发票号 Invoice Date and No. 20131010 KI11003	
	5. 合同号 Contract No. ZH1301001	6. 信用证号 L/C No. 30-0038-556987
2. 进口商 Importer FRANCE LIUFANG INTERNATIONAL TRADING CO.,LTD. 18, RUE LAFAYETTE 75010 PARIS FRANCE TEL: 0033-1-55269698 FAX: 0033-1-55269866	7. 原产地国 Country/region of origin of CHINA	
	8. 贸易方式 Trade mode ORDINARY TRADE	
3. 运输事项 Transport details FROM NINGBO,CHINA TO PARIS,FRANCE BY SEA	9. 交货和付款条款 Terms of delivery and payment TERMS OF DELIVERY: BY SEA TERMS OF PAYMENT: BY L/C	

10. 运输标志和集装箱号 Shipment marks;Container No.	11. 包装类型及件数；商品编码；商品描述 Number and kind of packages;Commodity No.;Commodity description	12. 数量 Quantity	13. 单价 Unit Price	14. 金额 Amount
FLIT KI11003 PARIS C/NO.1-656	ART.NO. XL-901 NEW ADJUSTABLE ROLLER SKATES S:31-34# TOTAL QUANTITY: 3 936PRS IN 656 CARTONS	3 936PRS	CIF PARIS USD16.65	USD65 534.40

We certify that the contents of this invoice are true and correct.

15. 总值（用数字和文字表示）Total amount (in figure and word)

TOTAL:USD65 534.40

SAY U.S. DOLLARS SIXTY FIVE THOUSAND FIVE HUNDRED AND THIRTY FOUR AND CENTS FORTY ONLY

16. 出口商签章 Exporter stamp and signature

ZHEJIANG HAILING INDUSTRIAL AND TRADING CO., LTD.

王欣欣

装箱单

Packing List

1. 出口商 Exporter ZHEJIANG HAILING INDUSTRIAL AND TRADING CO., LTD. NO.199 TAIAN ROAD HANGZHOU ZHEJIANG CHINA 310051 TEL: +0086-571-87661388 FAX: +0086-571-87661389	3. 装箱单日期 Packing List Date 20131010

2. 进口商 Importer FRANCE LIUFANG INTERNATIONAL TRADING CO., LTD. 18, RUE LAFAYETTE 75010 PARIS FRANCE TEL: 0033-1-55269698 FAX: 0033-1-55269866	4. 合同号 Contract No. ZH1301001	5. 信用证号 L/C No. 30-0038-556987
	6. 发票日期和发票号 Invoice Date and No. 20131010 KI11003	

7. 运输标志和集装箱号 Shipment marks; Container No.	8. 包装类型及件数；商品编码；商品描述 Number and kind of packages; Commodity No.; Commodity description	9. 毛重 kg Gross weight	10. 净重 kg Net weight	11. 体积 m³ Cube
	ART. NO. XL-901	13.2KGS/CTN	10.2KGS/CTN	0.085CBM/CTN
FLIT	NEW ADJUSTABLE ROLLER SKATES	8 659.20KGS	6 691.20KGS	55.938 M^3
KI11003	S:31-34#			
PARIS	1-656 656CTNS @6/3 936PRS			
C/NO.1-656				
	TOTAL QUANTITY: 3 936PRS			
	TOTAL: 656 CARTONS G.W.8 659.20KGS N.W.6 691.20KGS CBM:55.938			
	SAY SIX HUNDRED AND FIFTY SIX CARTONS ONLY			

12. 出口商签章 Exporter stamp and signature

ZHEJIANG HAILING INDUSTRIAL AND TRADING CO., LTD.

王欣欣

（请将答案写在答题纸上，答案写在试卷上无效）

国际贸易关务员实务试题参考答案

（考试编号：201401）

一、实务分析题（本大题有20小题，每小题1分，共20分）

1. 报关公司
2. 不属于
3. 不能处罚（应由海关处罚）
4. 报关单位的注册登记
5. 代理报关
6. 出口货物报关单
7. 8月5日
8. 滞报4天
9. 50 000×0.5‰×5×6.2=775（元）
10. 不属于
11. 是/属于违反海关监管行为
12. 棉花半实转，纽扣空转
13. 可以
14. 不可以
15. 指运地
16. 收发货人或其代理人
17. 不等同于
18. 一般进口货物
19. 特定减免税货物
20. 加工贸易深加工结转

二、不定项选择题（本大题有10小题，每小题2分，共20分）

1. A　2. A　3. C　4. ABCD　5. ABC　6. ABCD　7. ABD　8. B　9. C　10. ABCD

三、计算题（本大题有2小题，每小题8分，共16分）

（一）1. 从价税　2. 不予扣除　3. 滞纳4天　4. 应征滞纳金1 779.40元

（二）解：应征进口关税税额=完税价格×减按进口关税税率

=1 360 000×6.20×1% = 84 320.00（元）

四、综合实务题（本大题有2小题，每小题12分，共24分）

（一）一般进出口货物报关分析题

1. 请依据报关单的相关信息回答下列问题：

（1）洋山港区海关

（2）上海申新进出口公司

（3）江苏南通欣兴文具制造厂

（4）2014年4月29日

（5）2014年5月2日

（6）上海捷林集装箱储运有限公司

（7）2014年5月2日

（8）出口货物报关单、商业发票、装箱单、订舱单

2. 依据给出的出口货物报关单，完成下列不定向选择题：

（1）B　　（2）B

3. 可以进行查验。查验时必须有第三人在场，如码头的工作人员。

（二）保税加工贸易分析题

1. 请依据上述案例，回答下列问题：

（1）加工贸易经营企业；

（2）加工贸易加工企业；

（3）加工贸易料件结转；

（4）深加工结转。

2. 不定向选择题

（1）B　（2）B　（3）ABC　（4）AD

五、报关单填制题（共 20 分）

中华人民共和国海关出口货物报关单

预录入编号：118715260　　海关编号：

出口口岸	备案号	出口日期	申报日期
北仑海关 3104			20131019

经营单位	运输方式	运输工具名称	提运单号
浙江海陵工贸有限公司 3301900099	水路运输	COSCO HELLAS/17W	COSU89302895

发货单位	贸易方式	征免性质	结汇方式
浙江海陵工贸有限公司 3301900099	一般贸易 0110	一般征税（101）	信用证

许可证号	运抵国（地区）	指运港	境内货源地
	法国（305）	巴黎（2176）	杭州其他（33019）

批准文号	成交方式	运费	保费	杂费
	CIF	502/3 300.00/3	502/468.63/3	

合同协议号	件数	包装种类	毛重（千克）	净重（千克）
ZH1301001	656	纸箱	8 659.20	6 691.20

集装箱号	随附单据	生产厂家
TTNU5879631/20/2275	B：530820100543208	浙江海陵鞋业厂

标记唛码及备注

FLIT　　YMLU2837730/20/2275

KI11003

PARIS

C/NO.1-656

项号	商品编号	商品名称、规格型号	数量及单位	最终目的国（地区）	单价	总价	币制	征免
1. （0）	9506701000	新的可调式溜冰鞋 NEW ADJUSTABLE ROLLER SKATES S:31-34#	3 936 双 6 691.20 千克	法国 (305)	16.65	65 534.40	USD (美元)	照章征税

税费征收情况

录入员　录入单位	兹声明以上申报无讹并承担法律责任	海关审单批注及放行日期(签单) 审单　审价
报关员 单位地址 邮编　电话　填制日期	申报单位（签章）	征税　统计 查验　放行

法规附录

附录一 《中华人民共和国海关报关单位注册登记管理规定》

第一章 总 则

第一条 为了规范海关对报关单位的注册登记管理，根据《中华人民共和国海关法》（以下简称《海关法》）以及其他有关法律和行政法规，制定本规定。

第二条 中华人民共和国海关是报关单位注册登记管理的主管机关。

第三条 报关单位办理报关业务应当遵守国家有关法律、行政法规和海关规章的规定，承担相应的法律责任。

报关单位对其所属报关人员的报关行为应当承担相应的法律责任。

第四条 除法律、行政法规或者海关规章另有规定外，办理报关业务的报关单位，应当按照本规定到海关办理注册登记。

第五条 报关单位注册登记分为报关企业注册登记和进出口货物收发货人注册登记。

报关企业应当经所在地直属海关或者其授权的隶属海关办理注册登记许可后，方能办理报关业务。

进出口货物收发货人可以直接到所在地海关办理注册登记。

报关单位应当在每年6月30日前向注册地海关提交《报关单位注册信息年度报告》。

报关单位所属人员从事报关业务的，报关单位应当到海关办理备案手续，海关予以核发证明。

报关单位可以在办理注册登记手续的同时办理所属报关人员备案。

第六条 进出口货物收发货人应当通过本单位所属的报关人员办理报关业务，或者委托海关准予注册登记的报关企业，由报关企业所属的报关人员代为办理报关业务。

海关可以将报关单位的报关业务情况以及所属报关人员的执业情况予以公布。

第七条 已经在海关办理注册登记的报关单位，再次向海关提出注册登记申请的，海关不予受理。

第二章 报关企业注册登记

第八条 报关企业应当具备下列条件：

（一）具备境内企业法人资格条件；

（二）法定代表人无走私记录；

（三）无因走私违法行为被海关撤销注册登记许可记录；

（四）有符合从事报关服务所必需的固定经营场所和设施；

（五）海关监管所需要的其他条件。

第九条 申请报关企业注册登记许可，应当提交下列文件材料：

（一）《报关单位情况登记表》；

（二）企业法人营业执照副本复印件以及组织机构代码证书副本复印件；

（三）报关服务营业场所所有权证明或者使用权证明；

（四）其他与申请注册登记许可相关的材料。

申请人按照本条第一款规定提交复印件的，应当同时向海关交验原件。

第十条 申请人应当到所在地海关提出申请并递交申请注册登记许可材料。

直属海关应当对外公布受理申请的场所。

第十一条 申请人可以委托代理人提出注册登记许可申请。

申请人委托代理人代为提出申请的，应当出具授权委托书。

第十二条 对申请人提出的申请，海关应当根据下列情况分别作出处理：

（一）申请人不具备报关企业注册登记许可申请资格的，应当作出不予受理的决定；

（二）申请材料不齐全或者不符合法定形式的，应当当场或者在签收申请材料后五日内一次告知申请人需要补正的全部内容，逾期不告知的，自收到申请材料之日起即为受理；

（三）申请材料仅存在文字性或者技术性等可以当场更正的错误的，应当允许申请人当场更正，并且由申请人对更正内容予以签章确认；

（四）申请材料齐全、符合法定形式，或者申请人按照海关的要求提交全部补正申请材料的，应当受理报关企业注册登记许可申请，并作出受理决定。

第十三条 所在地海关受理申请后，应当根据法定条件和程序进行全面审查，并且于受理注册登记许可申请之日起 20 日内审查完毕。

直属海关未授权隶属海关办理注册登记许可的，应当自收到所在地海关报送的审查意见之日起 20 日内作出决定。

直属海关授权隶属海关办理注册登记许可的，隶属海关应当自受理或者收到所在地海关报送的审查意见之日起 20 日内作出决定。

第十四条 申请人的申请符合法定条件的，海关应当依法作出准予注册登记许可的书面决定，并送达申请人，同时核发《中华人民共和国海关报关单位注册登记证书》。

申请人的申请不符合法定条件的，海关应当依法作出不准予注册登记许可的书面决定，并且告知申请人享有依法申请行政复议或者提起行政诉讼的权利。

第十五条 报关企业在取得注册登记许可的直属海关关区外从事报关服务的，应当依法设立分支机构，并且向分支机构所在地海关备案。

报关企业在取得注册登记许可的直属海关关区内从事报关服务的，可以设立分支机构，并且向分支机构所在地海关备案。

报关企业分支机构可以在备案海关关区内从事报关服务。备案海关为隶属海关的，报关企业分支机构可以在备案海关所属直属海关关区内从事报关服务。

报关企业对其分支机构的行为承担法律责任。

第十六条 报关企业设立分支机构应当向其分支机构所在地海关提交下列备案材料：

（一）《报关单位情况登记表》；

（二）报关企业《中华人民共和国海关报关单位注册登记证书》复印件；

（三）分支机构营业执照副本复印件以及组织机构代码证书副本复印件；

（四）报关服务营业场所所有权证明复印件或者使用权证明复印件；

（五）海关要求提交的其他备案材料。

申请人按照本条第一款规定提交复印件的，应当同时向海关交验原件。

经审查符合备案条件的，海关应当核发《中华人民共和国海关报关单位注册登记证书》。

第十七条 报关企业注册登记许可期限为 2 年。被许可人需要延续注册登记许可有效期的，应当办理注册登记许可延续手续。

报关企业分支机构备案有效期为 2 年，报关企业分支机构应当在有效期届满前 30 日持本规定第十六条规定的材料到分支机构所在地海关办理换证手续。

第十八条 报关企业的企业名称、法定代表人发生变更的，应当持《报关单位情况登记表》、《中华人民共和国海关报关单位注册登记证书》、变更后的工商营业执照或者其他批准文件及复印件，以书面形式到注册地海关申请变更注册登记许可。

报关企业分支机构企业名称、企业性质、企业住所、负责人等海关备案内容发生变更的，应当自变更生效之日起 30 日内，持变更后的营业执照副本或者其他批准文件及复印件，到所在地海关办理变更手续。

所属报关人员备案内容发生变更的，报关企业及其分支机构应当在变更事实发生之日起 30 日内，持变更证明文件等相关材料到注册地海关办理变更手续。

第十九条 对被许可人提出的变更注册登记许可申请，注册地海关应当参照注册登记许可程序进行审查。经审查符合注册登记许可条件的，应当作出准予变更的决定，同时办理注册信息变更手续。

经审查不符合注册登记许可条件的，海关不予变更其注册登记许可。

第二十条 报关企业办理注册登记许可延续手续，应当在有效期届满 40 日前向海关提出申请，同时提交本规定第九条第一款第（一）项至第（四）项规定的文件材料。依照海关规定提交复印件的，还应当同时交验原件。

报关企业应当在办理注册登记许可延续的同时办理换领《中华人民共和国海关报关单位注册登记证书》手续。

报关企业未按照本条第一款规定的时限提出延续申请的，海关不再受理其注册登记许可延续申请。

第二十一条 海关应当参照注册登记许可程序在有效期届满前对报关企业的延续申请予以审查。经审查认定符合注册登记许可条件，以及法律、行政法规、海关规章规定的延续注册登记许可应当具备的其他条件的，应当依法作出准予延续 2 年有效期的决定。

海关应当在注册登记许可有效期届满前作出是否准予延续的决定。有效期届满时仍未作出决定的，视为准予延续，海关应当依法为其办理注册登记许可延续手续。

海关对不再具备注册登记许可条件，或者不符合法律、行政法规、海关规章规定的延续注册登记许可应当具备的其他条件的报关企业，不准予延续其注册登记许可。

第二十二条 有下列情形之一的，海关应当依法注销注册登记许可：

（一）有效期届满未申请延续的；

（二）报关企业依法终止的；

（三）注册登记许可依法被撤销、撤回，或者注册登记许可证件依法被吊销的；

（四）由于不可抗力导致注册登记许可事项无法实施的；

（五）法律、行政法规规定的应当注销注册登记许可的其他情形。

海关依据本条第一款规定注销报关企业注册登记许可的，应当同时注销该报关企业设立的所有分支机构。

第三章　进出口货物收发货人注册登记

第二十三条 进出口货物收发货人应当按照规定到所在地海关办理报关单位注册登记手续。

进出口货物收发货人在海关办理注册登记后可以在中华人民共和国关境内口岸或者海关监管业务集中的地点办理本企业的报关业务。

第二十四条 进出口货物收发货人申请办理注册登记，应当提交下列文件材料，另有规定的除外：

（一）《报关单位情况登记表》；

（二）营业执照副本复印件以及组织机构代码证书副本复印件；

（三）对外贸易经营者备案登记表复印件或者外商投资企业（台港澳侨投资企业）批准证书复印件；

（四）其他与注册登记有关的文件材料。

申请人按照本条第一款规定提交复印件的，应当同时向海关交验原件。

第二十五条 注册地海关依法对申请注册登记材料进行核对。经核对申请材料齐全、符合法定形式的，应当核发《中华人民共和国海关报关单位注册登记证书》。

第二十六条 除海关另有规定外，进出口货物收发货人《中华人民共和国海关报关单位注册登记证书》长期有效。

第二十七条 下列单位未取得对外贸易经营者备案登记表，按照国家有关规定需要从事非贸易性进出口活动的，应当办理临时注册登记手续：

（一）境外企业、新闻、经贸机构、文化团体等依法在中国境内设立的常驻代表机构；

（二）少量货样进出境的单位；

（三）国家机关、学校、科研院所等组织机构；

（四）临时接受捐赠、礼品、国际援助的单位；

（五）其他可以从事非贸易性进出口活动的单位。

第二十八条 临时注册登记单位在向海关申报前，应当向所在地海关办理备案手续。特殊情况下可以向拟进出境口岸或者海关监管业务集中地海关办理备案手续。

第二十九条 办理临时注册登记，应当持本单位出具的委派证明或者授权证明以及非贸易性活动证明材料。

第三十条 临时注册登记的，海关可以出具临时注册登记证明，但是不予核发注册登记证书。

临时注册登记有效期最长为1年，有效期届满后应当重新办理临时注册登记手续。

已经办理报关注册登记的进出口货物收发货人，海关不予办理临时注册登记手续。

第三十一条 进出口货物收发货人企业名称、企业性质、企业住所、法定代表人（负责人）等海关注册登记内容发生变更的，应当自变更生效之日起30日内，持变更后的营业执照副本或者其他批准文件以及复印件，到注册地海关办理变更手续。

所属报关人员发生变更的，进出口货物收发货人应当在变更事实发生之日起30日内，持变更证明文件等相关材料到注册地海关办理变更手续。

第三十二条 进出口货物收发货人有下列情形之一的，应当以书面形式向注册地海关办理注销手续。海关在办结有关手续后，应当依法办理注销注册登记手续。

（一）破产、解散、自行放弃报关权或者分立成两个以上新企业的；

（二）被工商行政管理机关注销登记或者吊销营业执照的；

（三）丧失独立承担责任能力的；

（四）对外贸易经营者备案登记表或者外商投资企业批准证书失效的；

（五）其他依法应当注销注册登记的情形。

进出口货物收发货人未依照本条第一款主动办理注销手续的，海关可以在办结有关手续后，依法注销其注册登记。

第四章　报关单位的管理

第三十三条 报关单位有权向海关查询其办理的报关业务情况。

第三十四条 报关单位应当妥善保管海关核发的注册登记证书等相关证明文件。发生遗失的，报关单位应当及时书面向海关报告并说明情况。

海关应当自收到情况说明之日起20日内予以补发相关证明文件。遗失的注册登记证书等相关证明文件在补办期间仍然处于有效期间的，报关单位可以办理报关业务。

第三十五条 报关单位向海关提交的纸质进出口货物报关单应当加盖本单位的报关专用章。

报关专用章应当按照海关总署统一规定的要求刻制。

报关企业及其分支机构的报关专用章仅限在其取得注册登记许可或者备案的直属海关关区内使用。

进出口货物收发货人的报关专用章可以在全关境内使用。

第三十六条 报关单位在办理注册登记业务时，应当对所提交的申请材料以及所填报信息内容的真实性负责并且承担法律责任。

第三十七条 海关依法对报关单位从事报关活动及其经营场所进行监督和实地检查，依法查阅或者要求报关单位报送有关材料。报关单位应当积极配合，如实提供有关情况和材料。

第三十八条 海关对报关单位办理海关业务中出现的报关差错予以记录，并且公布记录情况的查询方式。

报关单位对报关差错记录有异议的，可以自报关差错记录之日起 15 日内向记录海关以书面方式申请复核。

海关应当自收到书面申请之日起 15 日内进行复核，对记录错误的予以更正。

第五章 附 则

第三十九条 报关单位、报关人员违反本规定，构成走私行为、违反海关监管规定行为或者其他违反《海关法》行为的，由海关依照《海关法》和《中华人民共和国海关行政处罚实施条例》的有关规定予以处理；构成犯罪的，依法追究刑事责任。

第四十条 报关单位有下列情形之一的，海关予以警告，责令其改正，可以处 1 万元以下罚款：

（一）报关单位企业名称、企业性质、企业住所、法定代表人（负责人）等海关注册登记内容发生变更，未按照规定向海关办理变更手续的；

（二）向海关提交的注册信息中隐瞒真实情况、弄虚作假的。

第四十一条 《中华人民共和国海关报关单位注册登记证书》、《报关单位情况登记表》、《报关单位注册信息年度报告》等法律文书以及格式文本，由海关总署另行制定公布。

第四十二条 本规定规定的期限以工作日计算，不含法定节假日、休息日。

第四十三条 本规定中下列用语的含义：

报关单位，是指按照本规定在海关注册登记的报关企业和进出口货物收发货人。

报关企业，是指按照本规定经海关准予注册登记，接受进出口货物收发货人的委托，以委托人的名义或者以自己的名义，向海关办理代理报关业务，从事报关服务的中华人民共和国关境内的企业法人。

进出口货物收发货人，是指依法直接进口或者出口货物的中华人民共和国关境内的法人、其他组织或者个人。

报关人员，是指经报关单位向海关备案，专门负责办理所在单位报关业务的人员。

报关差错率，是指报关单位被记录报关差错的总次数，除以同期申报总次数的百分比。

第四十四条 海关特殊监管区域内企业可以申请注册登记成为特殊监管区域双重身份企业，海关按照报关企业有关规定办理注册登记手续。

特殊监管区域双重身份企业在海关特殊监管区域内拥有进出口货物收发货人和报关企业双重身份，在海关特殊监管区外仅具报关企业身份。

除海关特殊监管区域双重身份企业外，报关单位不得同时在海关注册登记为进出口货物收发货人和报关企业。

第四十五条 本规定由海关总署负责解释。

第四十六条 本规定自公布之日起施行。2005 年 3 月 31 日以海关总署令第 127 号发布的《中华人民共和国海关对报关单位注册登记管理规定》同时废止。

附录二 《中华人民共和国海关进出口货物报关单修改和撤销管理办法》

第一条 为了加强对进出口货物报关单修改和撤销的管理，规范进出口货物收发货人或者其代理人的申报行为，保护其合法权益，根据《中华人民共和国海关法》（以下简称《海关法》）制定本办法。

第二条 进出口货物收发货人或者其代理人（以下统称当事人）修改或者撤销进出口货物报关单，以及海关要求对进出口货物报关单进行修改或者撤销的，适用本办法。

第三条 海关接受进出口货物申报后，报关单证及其内容不得修改或者撤销；符合规定情形的，可以修改或者撤销。

进出口货物报关单修改或者撤销后，纸质报关单和电子数据报关单应当一致。

第四条 进出口货物报关单的修改或者撤销，应当遵循修改优先原则；确实不能修改的，予以撤销。

第五条 有以下情形之一的，当事人可以向原接受申报的海关办理进出口货物报关单修改或者撤销手续，海关另有规定的除外：

（一）出口货物放行后，由于装运、配载等原因造成原申报货物部分或者全部退关、变更运输工具的；

（二）进出口货物在装载、运输、存储过程中发生溢短装，或者由于不可抗力造成灭失、短损等，导致原申报数据与实际货物不符的；

（三）由于办理退补税、海关事务担保等其他海关手续而需要修改或者撤销报关单数据的；

（四）根据贸易惯例先行采用暂时价格成交、实际结算时按商检品质认定或者国际市场实际价格付款方式需要修改申报内容的；

（五）已申报进口货物办理直接退运手续，需要修改或者撤销原进口货物报关单的；

（六）由于计算机、网络系统等技术原因导致电子数据申报错误的。

第六条 符合本办法第五条规定的，当事人应当向海关提交《进出口货物报关单修改/撤销表》和下列材料：

（一）符合第五条第（一）项情形的，应当提交退关、变更运输工具证明材料；

（二）符合第五条第（二）项情形的，应当提交商检机构或者相关部门出具的证明材料；

（三）符合第五条第（三）项情形的，应当提交签注海关意见的相关材料；

（四）符合第五条第（四）项情形的，应当提交全面反映贸易实际状况的发票、合同、提单、装箱单等单证，并如实提供与货物买卖有关的支付凭证以及证明申报价格真实、准确的其他商业单证、书面资料和电子数据；

（五）符合第五条第（五）项情形的，应当提交《进口货物直接退运表》或者《责令进口货物直接退运通知书》；

（六）符合第五条第（六）项情形的，应当提交计算机、网络系统运行管理方出具的说明材料；

（七）其他证明材料。

当事人向海关提交材料符合本条第一款规定，并且齐全、有效的，海关应当及时进行修改或者撤销。

第七条 由于报关人员操作或者书写失误造成申报内容需要修改或者撤销的，当事人应当向海关提交《进出口货物报关单修改/撤销表》和下列材料：

（一）可以证明进出口货物实际情况的合同、发票、装箱单、提运单或者载货清单等相关单证、证明文书；

（二）详细情况说明；

（三）其他证明材料。

海关未发现报关人员存在逃避海关监管行为的，可以修改或者撤销报关单。不予修改或者撤销的，海关应当及时通知当事人，并且说明理由。

第八条 海关发现进出口货物报关单需要修改或者撤销，可以采取以下方式主动要求当事人修改或者撤销：

（一）将电子数据报关单退回，并详细说明修改的原因和要求，当事人应当按照海关要求进行修改后重新提交，不得对报关单其他内容进行变更；

（二）向当事人制发《进出口货物报关单修改/撤销确认书》，通知当事人要求修改或者撤销的内容，当事人应当在5日内对进出口货物报关单修改或者撤销的内容进行确认，确认后海关完成对报关单的修改或者撤销。

第九条 除不可抗力外，当事人有以下情形之一的，海关可以直接撤销相应的电子数据报关单：

（一）海关将电子数据报关单退回修改，当事人未在规定期限内重新发送的；

（二）海关审结电子数据报关单后，当事人未在规定期限内递交纸质报关单的；

（三）出口货物申报后未在规定期限内运抵海关监管场所的；

（四）海关总署规定的其他情形。

第十条 海关已经决定布控、查验以及涉嫌走私或者违反海关监管规定的进出口货物，在办结相关手续前不得修改或者撤销报关单及其电子数据。

第十一条 已签发报关单证明联的进出口货物，当事人办理报关单修改或者撤销手续时应当向海关交回报关单证明联。

第十二条 由于修改或者撤销进出口货物报关单导致需要变更、补办进出口许可证件的，当事人应当向海关提交相应的进出口许可证件。

第十三条 进出境备案清单的修改、撤销，参照本办法执行。

第十四条 违反本办法，构成走私行为、违反海关监管规定行为或者其他违反《海关法》行为的，由海关依照《海关法》和《中华人民共和国海关行政处罚实施条例》的有关规定予以处理；构成犯罪的，依法追究刑事责任。

第十五条 本办法由海关总署负责解释。

第十六条 本办法自公布之日起施行。2005年12月30日以海关总署令第143号公布的《中华人民共和国海关进出口货物报关单修改和撤销管理办法》同时废止。

附录三 《中华人民共和国海关加工贸易货物监管办法》

第一章 总 则

第一条 为了促进加工贸易健康发展，规范海关对加工贸易货物管理，根据《中华人民共和国海关法》（以下简称《海关法》）以及其他有关法律、行政法规，制定本办法。

第二条 本办法适用于办理加工贸易货物手册设立、进出口报关、加工、监管、核销手续。

加工贸易经营企业、加工企业、承揽者应当按照本办法规定接受海关监管。

第三条 本办法所称“加工贸易”是指经营企业进口全部或者部分原辅材料、零部件、元器件、包装物料（以下统称料件），经过加工或者装配后，将制成品复出口的经营活动，包括来料加工和进料加工。

第四条 除国家另有规定外，加工贸易进口料件属于国家对进口有限制性规定的，经营企业免于向海关提交进口许可证件。

加工贸易出口制成品属于国家对出口有限制性规定的，经营企业应当向海关提交出口许可证件。

第五条 加工贸易项下进口料件实行保税监管的，加工成品出口后，海关根据核定的实际加工复出口的数量予以核销。

加工贸易项下进口料件按照规定在进口时先行征收税款的，加工成品出口后，海关根据核定的实际加工复出口的数量退还已征收的税款。

加工贸易项下的出口产品属于应当征收出口关税的，海关按照有关规定征收出口关税。

第六条 海关按照国家规定对加工贸易货物实行担保制度。

未经海关批准，加工贸易货物不得抵押。

第七条 海关对加工贸易实行分类监管，具体管理办法由海关总署另行制定。

第八条 海关可以对加工贸易企业进行核查，企业应当予以配合。

海关核查不得影响企业的正常经营活动。

第九条 加工贸易货物的手册设立、进出口报关、核销，应当采用纸质单证、电子数据的形式。

第十条 加工贸易企业应当根据《中华人民共和国会计法》以及海关有关规定，设置符合海关监管要求的账簿、报表以及其他有关单证，记录与本企业加工贸易货物有关的进口、存储、转让、转移、销售、加工、使用、损耗和出口等情况，凭合法、有效凭证记账并且进行核算。

加工贸易企业应当将加工贸易货物与非加工贸易货物分开管理。加工贸易货物应当存放在经海关备案的场所，实行专料专放。企业变更加工贸易货物存放场所的，应当经海关批准。

第二章 加工贸易货物手册设立

第十一条 经营企业应当向加工企业所在地主管海关办理加工贸易货物的手册设立手续。

经营企业与加工企业不在同一直属海关管辖的区域范围的，应当按照海关对异地加工贸易的管理规定办理手册设立手续。

第十二条 除另有规定外，经营企业办理加工贸易货物的手册设立，应当向海关如实申报贸易方式、单耗、进出口口岸，以及进口料件和出口成品的商品名称、商品编号、规格型号、价格和原产地等情况，并且提交下列单证：

（一）主管部门签发的同意开展加工贸易业务的有效批准文件；

（二）经营企业自身有加工能力的，应当提交主管部门签发的《加工贸易加工企业生产能力证明》；

（三）经营企业委托加工的，应当提交经营企业与加工企业签订的委托加工合同、主管部门签发的加工企业《加工贸易加工企业生产能力证明》；

（四）经营企业对外签订的合同；

（五）海关认为需要提交的其他证明文件和材料。

第十三条 经营企业按照本办法第十一条、第十二条规定，提交齐全、有效的单证材料，申报设立手册的，海关应当自接受企业手册设立申报之日起 5 个工作日内完成加工贸易手册设立手续。

需要办理担保手续的，经营企业按照规定提供担保后，海关办理手册设立手续。

第十四条 有下列情形之一的，海关应当在经营企业提供相当于应缴税款金额的保证金或者银行、非银行金融机构保函后办理手册设立手续：

（一）涉嫌走私，已经被海关立案侦查，案件尚未审结的；

（二）由于管理混乱被海关要求整改，在整改期内的。

第十五条 有下列情形之一的，海关可以要求经营企业在办理手册设立手续时提供相当于应缴税款金额的保证金或者银行、非银行金融机构保函：

（一）租赁厂房或者设备的；

（二）首次开展加工贸易业务的；

（三）加工贸易手册延期两次（含两次）以上的；

（四）办理异地加工贸易手续的；

（五）涉嫌违规，已经被海关立案调查，案件尚未审结的。

第十六条 加工贸易企业有下列情形之一的，不得办理手册设立手续：

（一）进口料件或者出口成品属于国家禁止进出口的；

（二）加工产品属于国家禁止在我国境内加工生产的；

（三）进口料件不宜实行保税监管的；

（四）经营企业或者加工企业属于国家规定不允许开展加工贸易的；

（五）经营企业未在规定期限内向海关报核已到期的加工贸易手册，又重新申报设立手册的。

第十七条 经营企业办理加工贸易货物的手册设立，申报内容、提交单证与事实不符的，海关应当按照下列规定处理：

（一）货物尚未进口的，海关注销其手册；

（二）货物已进口的，责令企业将货物退运出境。

本条第一款第（二）项规定情形下，经营企业可以向海关申请提供相当于应缴税款金额的保证金或者银行、非银行金融机构保函，并且继续履行合同。

第十八条 已经办理加工贸易货物的手册设立手续的经营企业可以向海关领取加工贸易手册分册、续册。

第十九条 加工贸易货物手册设立内容发生变更的，经营企业应当在加工贸易手册有效期内办理变更手续。

需要报原审批机关批准的，还应当报原审批机关批准，另有规定的除外。

第三章　加工贸易货物进出口、加工

第二十条 经营企业进口加工贸易货物，可以从境外或者海关特殊监管区域、保税监管场所进口，也可以通过深加工结转方式转入。

经营企业出口加工贸易货物，可以向境外或者海关特殊监管区域、保税监管场所出口，也可以通过深加工结转方式转出。

第二十一条 经营企业应当凭加工贸易手册、加工贸易进出口货物专用报关单等有关单证办理加工贸易货物进出口报关手续。

第二十二条 经营企业以加工贸易方式进出口的货物，列入海关统计。

第二十三条 加工贸易企业开展深加工结转的，转入企业、转出企业应当向各自的主管海关申报，办理实际收发货以及报关手续。具体管理规定由海关总署另行制定并公布。

有下列情形之一的，加工贸易企业不得办理深加工结转手续：

（一）不符合海关监管要求，被海关责令限期整改，在整改期内的；

（二）有逾期未报核手册的；

（三）由于涉嫌走私已经被海关立案调查，尚未结案的。

加工贸易企业未按照海关规定进行收发货的，不得再次办理深加工结转手续。

第二十四条 经营企业开展外发加工业务，应当按照外发加工的相关管理规定自外发之日起 3 个工作日内向海关办理备案手续。

经营企业开展外发加工业务，不得将加工贸易货物转卖给承揽者；承揽者不得将加工贸易货物再次外发。

经营企业将全部工序外发加工的，应当在办理备案手续的同时向海关提供相当于外发加工货物应缴税款金额的保证金或者银行、非银行金融机构保函。

第二十五条 外发加工的成品、剩余料件以及生产过程中产生的边角料、残次品、副产品等加工贸易货物，经营企业向所在地主管海关办理相关手续后，可以不运回本企业。

第二十六条 海关对加工贸易货物实施监管的，经营企业和承揽者应当予以配合。

第二十七条 加工贸易货物应当专料专用。

经海关核准，经营企业可以在保税料件之间、保税料件与非保税料件之间进行串换，但是被串换的料件应当属于同一企业，并且应当遵循同品种、同规格、同数量、不牟利的原则。

来料加工保税进口料件不得串换。

第二十八条 由于加工工艺需要使用非保税料件的，经营企业应当事先向海关如实申报使用非保税料件的比例、品种、规格、型号、数量。

经营企业按照本条第一款规定向海关申报的，海关核销时应当在出口成品总耗用量中予以核扣。

第二十九条 经营企业进口料件由于质量存在瑕疵、规格型号与合同不符等原因，需要返还原供货商进行退换，以及由于加工贸易出口产品售后服务需要而出口未加工保税料件的，可以直接向口岸海关办理报关手续。

已经加工的保税进口料件不得进行退换。

第四章 加工贸易货物核销

第三十条 经营企业应当在规定的期限内将进口料件加工复出口，并且自加工贸易手册项下最后一批成品出口或者加工贸易手册到期之日起30日内向海关报核。

经营企业对外签订的合同提前终止的，应当自合同终止之日起30日内向海关报核。

第三十一条 经营企业报核时应当向海关如实申报进口料件、出口成品、边角料、剩余料件、残次品、副产品以及单耗等情况，并且按照规定提交相关单证。

经营企业按照本条第一款规定向海关报核，单证齐全、有效的，海关应当受理报核。

第三十二条 海关核销可以采取纸质单证核销、电子数据核销的方式，必要时可以下厂核查，企业应当予以配合。

海关应当自受理报核之日起30日内予以核销。特殊情况需要延长的，经直属海关关长或者其授权的隶属海关关长批准可以延长30日。

第三十三条 加工贸易保税进口料件或者成品因故转为内销的，海关凭主管部门准予内销的有效批准文件，对保税进口料件依法征收税款并且加征缓税利息，另有规定的除外。

进口料件属于国家对进口有限制性规定的，经营企业还应当向海关提交进口许可证件。

第三十四条 经营企业因故将加工贸易进口料件退运出境的，海关凭有关退运单证核销。

第三十五条 经营企业在生产过程中产生的边角料、剩余料件、残次品、副产品和受灾保税货物，按照海关对加工贸易边角料、剩余料件、残次品、副产品和受灾保税货物的管理规定办理，海关凭有关单证核销。

第三十六条 经营企业遗失加工贸易手册的，应当及时向海关报告。

海关按照有关规定处理后对遗失的加工贸易手册予以核销。

第三十七条 对经核销结案的加工贸易手册，海关向经营企业签发《核销结案通知书》。

第三十八条 经营企业已经办理担保的，海关在核销结案后按照规定解除担保。

第三十九条 加工贸易货物的手册设立和核销单证自加工贸易手册核销结案之日起留存3年。

第四十条 加工贸易企业出现分立、合并、破产、解散或者其他停止正常生产经营活动情形的，应当及时向海关报告，并且办结海关手续。

加工贸易货物被人民法院或者有关行政执法部门封存的，加工贸易企业应当自加工贸易货物被封存之日起5个工作日内向海关报告。

第五章 附 则

第四十一条 违反本办法，构成走私行为、违反海关监管规定行为或者其他违反《海关法》行为的，由海关依照《海关法》和《中华人民共和国海关行政处罚实施条例》的有关规定予以处理；构成犯罪的，依法追究刑事责任。

第四十二条 本办法中下列用语的含义：

来料加工，是指进口料件由境外企业提供，经营企业不需要付汇进口，按照境外企业的要求进行加工或者装配，只收取加工费，制成品由境外企业销售的经营活动。

进料加工，是指进口料件由经营企业付汇进口，制成品由经营企业外销出口的经营活动。

加工贸易货物，是指加工贸易项下的进口料件、加工成品以及加工过程中产生的边角料、残次品、副产品等。

加工贸易企业，包括经海关注册登记的经营企业和加工企业。

经营企业，是指负责对外签订加工贸易进出口合同的各类进出口企业和外商投资企业，以及经批准获得来料加工经营许可的对外加工装配服务公司。

加工企业，是指接受经营企业委托，负责对进口料件进行加工或者装配，并且具有法人资格的生产企业，以及由经营企业设立的虽不具有法人资格，但是实行相对独立核算并已经办理工商营业证（执照）的工厂。

单位耗料量，是指加工贸易企业在正常生产条件下加工生产单位出口成品所耗用的进口料件的数量，简称单耗。

深加工结转，是指加工贸易企业将保税进口料件加工的产品转至另一加工贸易企业进一步加工后复出口的经营活动。

承揽者，是指与经营企业签订加工合同，承接经营企业委托的外发加工业务的企业或者个人。

外发加工，是指经营企业委托承揽者对加工贸易货物进行加工，在规定期限内将加工后的产品最终复出口的行为。

核销，是指加工贸易经营企业加工复出口或者办理内销等海关手续后，凭规定单证向海关报核，海关按照规定进行核查以后办理解除监管手续的行为。

第四十三条 保税工厂开展加工贸易业务，按照海关对加工贸易保税工厂的管理规定办理。

第四十四条 进料加工保税集团开展加工贸易业务，按照海关对进料加工保税集团的管理规定办理。

第四十五条 实施联网监管的加工贸易企业开展加工贸易业务，按照海关对加工贸易企业实施计算机联网监管的管理规定办理。

第四十六条 加工贸易企业在海关特殊监管区域内开展加工贸易业务，按照海关对海关特殊监管区域的相关管理规定办理。

第四十七条 单耗的申报与核定，按照海关对加工贸易单耗的管理规定办理。

第四十八条 海关对加工贸易货物进口时先征收税款出口后予以退税的管理规定另行制定。

第四十九条 本办法由海关总署负责解释。

第五十条 本办法自公布之日起施行。2004 年 2 月 26 日以海关总署令第 113 号发布，并经海关总署令第 168 号、195 号修正的《中华人民共和国海关对加工贸易货物监管办法》同时废止。

附录四 《中华人民共和国海关事务担保条例》

第一条 为了规范海关事务担保，提高通关效率，保障海关监督管理，根据《中华人民共和国海关法》及其他有关法律的规定，制定本条例。

第二条 当事人向海关申请提供担保，承诺履行法律义务，海关为当事人办理海关事务担保，适用本条例。

第三条 海关事务担保应当遵循合法、诚实信用、权责统一的原则。

第四条 有下列情形之一的，当事人可以在办结海关手续前向海关申请提供担保，要求提前放行货物：

（一）进出口货物的商品归类、完税价格、原产地尚未确定的；

（二）有效报关单证尚未提供的；

（三）在纳税期限内税款尚未缴纳的；

（四）滞报金尚未缴纳的；

（五）其他海关手续尚未办结的。

国家对进出境货物、物品有限制性规定，应当提供许可证件而不能提供的，以及法律、行政法规规定不得担保的其他情形，海关不予办理担保放行。

第五条 当事人申请办理下列特定海关业务的，按照海关规定提供担保：

（一）运输企业承担来往内地与港澳公路货物运输、承担海关监管货物境内公路运输的；

（二）货物、物品暂时进出境的；

（三）货物进境修理和出境加工的；

（四）租赁货物进口的；

（五）货物和运输工具过境的；

（六）将海关监管货物暂时存放在海关监管区外的；

（七）将海关监管货物向金融机构抵押的；

（八）为保税货物办理有关海关业务的。

当事人不提供或者提供的担保不符合规定的，海关不予办理前款所列特定海关业务。

第六条 进出口货物的纳税义务人在规定的纳税期限内有明显的转移、藏匿其应税货物以及其他财产迹象的，海关可以责令纳税义务人提供担保；纳税义务人不能提供担保的，海关依法采取税收保全措施。

第七条 有违法嫌疑的货物、物品、运输工具应当或者已经被海关依法扣留、封存的，当事人可以向海关提供担保，申请免予或者解除扣留、封存。

有违法嫌疑的货物、物品、运输工具无法或者不便扣留的，当事人或者运输工具负责人应当向海关提供等值的担保；未提供等值担保的，海关可以扣留当事人等值的其他财产。

有违法嫌疑的货物、物品、运输工具属于禁止进出境，或者必须以原物作为证据，或者依法应当予以没收的，海关不予办理担保。

第八条 法人、其他组织受到海关处罚，在罚款、违法所得或者依法应当追缴的货物、物品、走私运输工具的等值价款未缴清前，其法定代表人、主要负责人出境的，应当向海关提供担保；未提供担保的，海关可以通知出境管理机关阻止其法定代表人、主要负责人出境。

受海关处罚的自然人出境的，适用前款规定。

第九条 进口已采取临时反倾销措施、临时反补贴措施的货物应当提供担保的，或者进出口货物收发货人、知识产权权利人申请办理知识产权海关保护相关事务等，依照本条例的规定办理海关事务担保。法律、行政法规有特别规定的，从其规定。

第十条 当事人连续两年同时具备下列条件的，可以向直属海关申请免除担保，并按照海关规定办理有关手续：

（一）通过海关验证稽查；

（二）年度进出口报关差错率在3%以下；

（三）没有拖欠应纳税款；

（四）没有受到海关行政处罚，在相关行政管理部门无不良记录；

（五）没有被追究刑事责任等。

当事人不再符合前款规定条件的，海关应当停止对其适用免除担保。

第十一条 当事人在一定期限内多次办理同一类海关事务的，可以向海关申请提供总担保。海关接受总担保的，当事人办理该类海关事务，不再单独提供担保。

总担保的适用范围、担保金额、担保期限、终止情形等由海关总署规定。

第十二条 当事人可以以海关依法认可的财产、权利提供担保，担保财产、权利的具体范围由海关总署规定。

第十三条 当事人以保函向海关提供担保的，保函应当以海关为受益人，并且载明下列事项：

（一）担保人、被担保人的基本情况；

（二）被担保的法律义务；

（三）担保金额；

（四）担保期限；

（五）担保责任；

（六）需要说明的其他事项。

担保人应当在保函上加盖印章，并注明日期。

第十四条 当事人提供的担保应当与其需要履行的法律义务相当，除本条例第七条第二款规定的情形外，担保金额按照下列标准确定：

（一）为提前放行货物提供的担保，担保金额不得超过可能承担的最高税款总额；

（二）为办理特定海关业务提供的担保，担保金额不得超过可能承担的最高税款总额或者海关总署规定的金额；

（三）因有明显的转移、藏匿应税货物以及其他财产迹象被责令提供的担保，担保金额不得超过可能承担的最高税款总额；

（四）为有关货物、物品、运输工具免予或者解除扣留、封存提供的担保，担保金额不得超过该货物、物品、运输工具的等值价款；

（五）为罚款、违法所得或者依法应当追缴的货物、物品、走私运输工具的等值价款未缴清前出境提供的担保，担保金额应当相当于罚款、违法所得数额或者依法应当追缴的货物、物品、走私运输工具的等值价款。

第十五条 办理担保，当事人应当提交书面申请以及真实、合法、有效的财产、权利凭证和身份或者资格证明等材料。

第十六条 海关应当自收到当事人提交的材料之日起 5 个工作日内对相关财产、权利等进行审核，并决定是否接受担保。当事人申请办理总担保的，海关应当在 10 个工作日内审核并决定是否接受担保。

符合规定的担保，自海关决定接受之日起生效。对不符合规定的担保，海关应当书面通知当事人不予接受，并说明理由。

第十七条 被担保人履行法律义务期限届满前，担保人和被担保人因特殊原因要求变更担保内容的，应当向接受担保的海关提交书面申请以及有关证明材料。海关应当自收到当事人提交的材料之日起 5 个工作日内作出是否同意变更的决定，并书面通知当事人，不同意变更的，应当说明理由。

第十八条 被担保人在规定的期限内未履行有关法律义务的，海关可以依法从担保财产、权利中抵缴。当事人以保函提供担保的，海关可以直接要求承担连带责任的担保人履行担保责任。

担保人履行担保责任的，不免除被担保人办理有关海关手续的义务。海关应当及时为被担保人办理有关海关手续。

第十九条 担保财产、权利不足以抵偿被担保人有关法律义务的，海关应当书面通知被担保人另行提供担保或者履行法律义务。

第二十条 有下列情形之一的，海关应当书面通知当事人办理担保财产、权利退还手续：

（一）当事人已经履行有关法律义务的；

（二）当事人不再从事特定海关业务的；

（三）担保财产、权利被海关采取抵缴措施后仍有剩余的；

（四）其他需要退还的情形。

第二十一条 自海关要求办理担保财产、权利退还手续的书面通知送达之日起 3 个月内，当事人无正当理由未办理退还手续的，海关应当发布公告。

自海关公告发布之日起 1 年内，当事人仍未办理退还手续的，海关应当将担保财产、权利依法变卖或者兑付后，上缴国库。

第二十二条 海关履行职责，金融机构等有关单位应当依法予以协助。

第二十三条 担保人、被担保人违反本条例，使用欺骗、隐瞒等手段提供担保的，由海关责令其继续履行法律义务，处 5 000 元以上 50 000 元以下的罚款；情节严重的，可以暂停被担保人从事有关海关业务或者撤销其从事有关海关业务的注册登记。

第二十四条 海关工作人员有下列行为之一的，给予处分；构成犯罪的，依法追究刑事责任：

（一）违法处分担保财产、权利；

（二）对不符合担保规定的，违法办理有关手续致使国家利益遭受损失；

（三）对符合担保规定的，不予办理有关手续；

（四）与海关事务担保有关的其他违法行为。

第二十五条 担保人、被担保人对海关有关海关事务担保的具体行政行为不服的，可以依法向上一级海关申请行政复议或者向人民法院提起行政诉讼。

第二十六条 本条例自 2011 年 1 月 1 日起施行。

附录五 《中华人民共和国海关进出口货物集中申报管理办法》

第一条 为了便利进出口货物收发货人办理申报手续，提高进出口货物通关效率，规范对进出口货物的申报管理，根据《中华人民共和国海关法》（以下简称《海关法》）的有关规定，制定本办法。

第二条 本办法所称的集中申报是指经海关备案，进出口货物收发货人（以下简称收发货人）在同一口岸多批次进出口本办法第三条规定范围内货物，可以先以《中华人民共和国海关进口货物集中申报清单》（见附件 1）或者《中华人民共和国海关出口货物集中申报清单》（见附件 2）（以下统称《集中申报清单》）申报货物进出口，再以报关单集中办理海关手续的特殊通关方式。

进出口货物收发货人可以委托 B 类以上管理类别（含 B 类）的报关企业办理集中申报有关手续。

第三条 经海关备案，下列进出口货物可以适用集中申报通关方式：

（一）图书、报纸、期刊类出版物等时效性较强的货物；

（二）危险品或者鲜活、易腐、易失效等不宜长期保存的货物；

（三）公路口岸进出境的保税货物。

第四条 收发货人应当在货物所在地海关办理集中申报备案手续，加工贸易企业应当在主管地海关办理集中申报备案手续。

第五条 收发货人申请办理集中申报备案手续的，应当向海关提交《适用集中申报通关方式备案表》（以下简称《备案表》，见附件 3），同时提供符合海关要求的担保，担保有效期最短不得少于 3 个月。

海关应当对收发货人提交的《备案表》进行审核。经审核符合本办法有关规定的，核准其备案。

涉嫌走私或者违规，正在被海关立案调查的收发货人、因进出口侵犯知识产权货物被海关依法给予行政处罚的收发货人、适用 C 类或者 D 类管理类别的收发货人进出口本办法第三条所列货物的，不适用集中申报通关方式。

第六条 在备案有效期内，收发货人可以适用集中申报通关方式。备案有效期限按照收发货人提交的担保有效期核定。

申请适用集中申报通关方式的货物、担保情况等发生变更时，收发货人应当向原备案地海关书面申请变更。

备案有效期届满可以延续。收发货人需要继续适用集中申报方式办理通关手续的，应当在备案有效期届满 10 日前向原备案地海关书面申请延期。

第七条 收发货人有下列情形之一的，停止适用集中申报通关方式：

（一）担保情况发生变更，不能继续提供有效担保的；

（二）涉嫌走私或者违规，正在被海关立案调查的；

（三）进出口侵犯知识产权货物，被海关依法给予行政处罚的；

（四）海关分类管理类别被降为 C 类或者 D 类的。

收发货人可以在备案有效期内主动申请终止适用集中申报通关方式。

第八条 收发货人在备案有效期届满前未向原备案地海关申请延期的，《备案表》效力终止。收发货人需要继续按照集中申报方式办理通关手续的，应当重新申请备案。

第九条 依照本办法规定以集中申报通关方式办理海关手续的收发货人，应当在载运进口货物的运输工具申报进境之日起 14 日内，出口货物在运抵海关监管区后、装货的 24 小时前填制《集中申报清单》向海关申报。

收货人在运输工具申报进境之日起 14 日后向海关申报进口的，不适用集中申报通关方式。收货人应当以报关单向海关申报。

第十条 海关审核集中申报清单电子数据时，对保税货物核扣加工贸易手册（账册）或者电子账册数据；对一般贸易货物核对集中申报备案数据。

经审核，海关发现集中申报清单电子数据与集中申报备案数据不一致的，应当予以退单。收发货人应当以报关单方式向海关申报。

第十一条 收发货人应当自海关审结集中申报清单电子数据之日起 3 日内，持《集中申报清单》及随附单证到货物所在地海关办理交单验放手续。属于许可证件管理的，收发货人还应当提交相应的许可证件，海关应当在相关证件上批注并留存复印件。

收发货人未在本条第一款规定期限办理相关海关手续的，海关删除集中申报清单电子数据，收发货人应当重新向海关申报。重新申报日期超过运输工具申报进境之日起 14 日的，应当以报关单申报。

第十二条 收发货人在清单申报后修改或者撤销集中申报清单的，参照进出口货物报关单修改和撤销的相关规定办理。

第十三条 收发货人应当对一个月内以《集中申报清单》申报的数据进行归并，填制进出口货物报关单，一般贸易货物在次月10日之前、保税货物在次月底之前到海关办理集中申报手续。

一般贸易货物集中申报手续不得跨年度办理。

第十四条 《集中申报清单》归并为同一份报关单的，各清单中的进出境口岸、经营单位、境内收发货人、贸易方式（监管方式）、启运国（地区）、装货港、运抵国（地区）、运输方式栏目以及适用的税率、汇率必须一致。

各清单中本条前款规定项目不一致的，收发货人应当分别归并为不同的报关单进行申报。对确实不能归并的，应当填写单独的报关单进行申报。

各清单归并为同一份报关单时，各清单中载明的商品项在商品编号、商品名称、规格型号、单位、原产国（地区）、单价和币制均一致的情况下可以进行数量和总价的合并。

第十五条 收发货人对《集中申报清单》申报的货物以报关单方式办理海关手续时，应当按照海关规定对涉税的货物办理税款缴纳手续。涉及许可证件管理的，应当提交海关批注过的相应许可证件。

第十六条 对适用集中申报通关方式的货物，海关按照接受清单申报之日实施的税率、汇率计征税费。

第十七条 收发货人办结集中申报海关手续后，海关按集中申报进出口货物报关单签发报关单证明联。“进出口日期”以海关接受报关单申报的日期为准。

第十八条 海关对集中申报的货物以报关单上的“进出口日期”为准列入海关统计。

第十九条 中华人民共和国境内其他地区进出海关特殊监管区域、保税监管场所的货物需要按照集中申报方式办理通关手续的，除海关另有规定以外，参照本办法办理。

第二十条 违反本办法，构成走私行为、违反海关监管规定行为或者其他违反海关法行为的，由海关依照海关法、《中华人民共和国海关行政处罚实施条例》等有关法律、行政法规的规定予以处理；构成犯罪的，依法追究刑事责任。

第二十一条 本办法由海关总署负责解释。

第二十二条 本办法自2008年5月1日起施行。

附录六 《中华人民共和国海关征收进口货物滞报金办法》

第一章 总 则

第一条 为了加强海关对进口货物的通关管理，加快口岸货物运输，促使进口货物收货人（包括受委托的报关企业，下同）及时申报，根据《中华人民共和国海关法》（以下简称《海关法》）以及有关法律、行政法规规定，制定本办法。

第二条 进口货物收货人超过规定期限向海关申报产生滞报，海关依法应当征收滞报金的，适用本办法。

第三条 滞报金应当由进口货物收货人于当次申报时缴清。进口货物收货人要求在缴清滞报金前先放行货物的，海关可以在其提供与应缴纳滞报金等额的保证金后放行。

第二章 滞报金的计算与征收

第四条 征收进口货物滞报金应当按日计征，以自运输工具申报进境之日起第十五日为起征日，以海关接受申报之日为截止日，起征日和截止日均计入滞报期间，另有规定的除外。

第五条 征收下列进口货物滞报金应当按照下列规定计算起征日：

（一）邮运进口货物应当以自邮政企业向海关驻邮局办事机构申报总包之日起第十五日为起征日；

（二）转关运输货物在进境地申报的，应当以自载运进口货物的运输工具申报进境之日起第十五日为起征日；在指运地申报的，应当以自货物运抵指运地之日起第十五日为起征日；

邮运进口转关运输货物在进境地申报的，应当以自运输工具申报进境之日起第十五日为起征日；在指运地申报的，应当以自邮政企业向海关驻邮局办事机构申报总包之日起第十五日为起征日。

第六条 进口货物收货人向海关传送报关单电子数据申报后，未在规定期限或者核准的期限内递交纸质报关单及随附单证，海关予以撤销报关单电子数据处理。进口货物收货人重新向海关申报，产生滞报的，按照本办法第四条规定计算滞报金起征日。

进口货物收货人申报后依法撤销原报关单电子数据重新申报的，以撤销原报关单之日起第十五日为起征日。

第七条 进口货物因收货人在运输工具申报进境之日起超过三个月未向海关申报，被海关提取作变卖处理后，收货人申请发还余款的，比照本办法第四条规定计征滞报金。滞报金的截止日为该三个月期限的最后一日。

第八条 进口货物因被行政扣留或者刑事扣押不能按期申报而产生滞报的，其扣留或者扣押期间不计算在滞报期间内。扣留或者扣押期间起止日根据决定行政扣留或者刑事扣押部门签发的有关文书确定。

第九条 滞报金的日征收金额为进口货物完税价格的千分之零点五，以人民币“元”为计征单位，不足人民币一元的部分免予计征。

征收滞报金的计算公式为：进口货物完税价格×0.5‰×滞报期间

滞报金的起征点为人民币 50 元。

第十条 海关征收进口货物滞报金时，应当向收货人出具滞报金缴款通知书。海关收取滞报金后，应当向收货人出具财政部统一印（监）制的票据。

不属于本办法第十二条所列的减免滞报金情形的，海关可以直接向收货人出具财政部统一印（监）制的票据，收货人持票据到海关指定的部门或者开户银行缴款，海关凭指定部门或者银行加盖收讫章的票据予以核注。

属于本办法第十二条所列的减免滞报金情形的，进口货物收货人收到滞报金缴款通知书后，应当按照本办法第十三条规定向海关申请减免进口货物滞报金。经海关审核批准免予征收滞报金的，由现场关员凭有关批复在系统中予以核注；如经海关审核仍需征收部分或者全部滞报金的，海关向收货人出具财政部统一印（监）制的票据，收货人持票据到海关指定的部门或者开户银行缴款，海关凭指定部门或者银行加盖收讫章的票据予以核注。

若通过中国电子口岸“网上税费支付”系统缴纳滞报金的，按照“网上税费支付”的操作程序办理滞报金的征收手续。

第十一条 转关运输货物在进境地产生滞报的，由进境地海关征收滞报金；在指运地产生滞报的，由指运地海关征收滞报金。

第三章 滞报金的减免

第十二条 有下列情形之一的，进口货物收货人可以向申报地海关申请减免滞报金：

（一）政府主管部门有关贸易管理规定变更，要求收货人补充办理有关手续或者政府主管部门延迟签发许可证件，导致进口货物产生滞报的；

（二）产生滞报的进口货物属于政府间或者国际组织无偿援助和捐赠用于救灾、社会公益福利等方面的进口物资或者其他特殊货物的；

（三）由于不可抗力导致收货人无法在规定期限内申报，从而产生滞报的；

（四）因海关及相关司法、行政执法部门工作原因致使收货人无法在规定期限内申报，从而产生滞报的；

（五）其他特殊情况经海关批准的。

第十三条 进口货物收货人申请减免滞报金的，应当自收到海关滞报金缴款通知书之日起30个工作日内，以书面形式向申报地海关提交申请书，申请书应当加盖公章。

进口货物收货人提交申请材料时，应当同时提供政府主管部门或者相关部门出具的相关证明材料。

收货人应当对申请书以及相关证明材料的真实性、合法性、有效性承担法律责任。

第十四条 有下列情形之一的，海关不予征收滞报金：

（一）收货人在运输工具申报进境之日起超过三个月未向海关申报，进口货物被依法变卖处理，余款按《海关法》第三十条规定上缴国库的；

（二）进口货物收货人在申报期限内，根据《海关法》有关规定向海关提供担保，并在担保期限内办理有关进口手续的；

（三）进口货物收货人申报后依法撤销原报关单电子数据重新申报，因删单重报产生滞报的；

（四）进口货物办理直接退运的；

（五）进口货物应征收滞报金金额不满人民币50元的。

第四章 附 则

第十五条 从境外进入保税区、出口加工区等海关特殊监管区域、以备案清单方式向海关申报的进口货物产生滞报的，参照本办法第九条计征滞报金。

第十六条 本办法规定的滞报金起征日遇有休息日或者法定节假日的，顺延至休息日或者法定节假日之后的第一个工作日。国务院临时调整休息日与工作日的，海关应当按照调整后的情况确定滞报金的起征日。

第十七条 本办法所指的进口货物完税价格是指《中华人民共和国进出口关税条例》第十八条规定的完税价格。

第十八条 本办法规定的滞报金缴款通知书采用统一格式，具体格式见附件。

第十九条 本办法由海关总署负责解释。

第二十条 本办法自 2005 年 6 月 1 日起施行。

参考文献

[1]《中国海关报关实用手册》编写组. 中国海关报关实用手册（2014）. 北京：中国海关出版社，2014.
[2] 海关总署报关员资格考试教材编写委员会. 报关员资格全国统一考试教材. 北京：中国海关出版社，2011-2013.
[3] 唐超平. 国际贸易货物海关通关实务. 北京：对外经济贸易大学出版社，2014.
[4] 中华人民共和国海关进出口税则及申报指南编委会. 2014 年中华人民共和国海关进出口税则及申报指南. 北京：中国商务出版社，2014.
[5] 中华人民共和国中央人民政府网站，http://www.gov.cn/.
[6] 中华人民共和国海关总署 2014 年第 216-221 号令.
[7] 中华人民共和国商务部网站，http://www.mofcom.gov.cn/.
[8] 中华人民共和国国家质量监督检验检疫总局网站，http://www.aqsiq.gov.cn/.
[9] 国家外汇管理局官方网站，http://www.safe.gov.cn/model_safe/index.html.
[10] 中国国际商会官方网站，http://www.icc-china.org/.
[11] 中国通关网，http://www.e-to-china.com.cn/trade-focus/zptg/zptgzn/2010/0325/75246.html.
[12] 2014 年出口许可证管理货物目录，http://sousuo.mofcom.gov.cn/query/queryDetail.
[13] 中华人民共和国北京海关网站，http://beijing.customs.gov.cn/.
[14] 中华人民共和国天津海关网站，http://tianjin.customs.gov.cn/.